Interpretationen zu „Erzählungen der Gegenwart VII–VIII“

Schulpraktische Analysen und Unterrichtshilfen

von
Doris Bachmann
Renate Beyer
Elke Detjen-Vogeley
Horst Haller
Karl-Heinz Kreter
Günther Lange
Kaspar H. Spinner
Heinrich Vogeley
Michael de Witt
in Zusammenarbeit mit
Fritz Bachmann

Hirschgraben-Verlag · Frankfurt am Main

ISBN 3-454-40180-1

ISBN 3-454-40180-1
1980

Umschlagentwurf: Brita von Schenck, Kronberg
Satz · Druck · Bindearbeit: Parzeller & Co., Fulda

INHALT

Erzählungen der Gegenwart VII

Erzählungen der Gegenwart VIII

Heinrich Böll Im Lande der Rujuks

1. Inhalt und Form

Die Betrachtung der vorliegenden Erzählung sollte am besten mit einer strukturierten Inhaltswiedergabe beginnen. Der Aufbau zeigt eine Gliederung in drei Hauptteile, die sich leicht in weitere Sinnabschnitte zerlegen lassen.
In Teil 1 werden die wichtigsten Personen vorgestellt (J. Wodruff, B. von der Lohe und der Erzähler). Teil 2 besteht aus der Erlebnissituation, die durch die Expedition entsteht (Reise, Erlebnisse auf der ersten Insel und Erfahrungen auf der zweiten Insel). Im 3. Teil berichtet der Erzähler über seine Abkehr von der Rujukforschung und über die eigene Eingliederung in eine beschaulich-bürgerliche Welt.
Methodisch läßt sich dieser Eingangskomplex am gründlichsten bewältigen, wenn die oben angedeutete Einteilung als Tafelbild erarbeitet wird. Um dann im weiteren Verlauf möglichst vielen Schülern Gelegenheit zur Übung in Sprechsituationen zu geben, können die einzelnen Abschnitte zur genauen inhaltlichen Aufarbeitung verteilt werden.
Am Schluß dieser Arbeitseinheit sollte der Rahmencharakter von Teil 1 und 3 erläutert werden. Hierbei kann die Betrachtung der verwendeten Tempora hilfreich sein. Während in den mehr berichtenden Teilen 1 und 3 das Präsens bzw. das historische Präteritum dominiert, ist im Mittelteil das epische Präteritum bestimmend, was den erlebnishaften Charakter dieser Passage verstärkt.

2. Humor und Ironie als Stilmittel

Der Gehalt der Erzählung wird weitgehend durch die humorvollen und ironischen Passagen bestimmt. Erfahrungsgemäß haben viele Schüler große Schwierigkeiten, gerade diese Stilmittel zu erkennen. Ironische Übersteigerung wird oft nicht spontan umgesetzt, so daß der tiefere Sinn von so geführten Gedankengängen verstellt bleibt.
Zunächst sollen humorige Momente herauskristallisiert werden; so z. B. die Beschreibung der transportablen Reiseapotheke, aus der letztlich als wichtigstes Einzelteil die Kognakflasche erwähnt wird oder das Travellerscheckbuch, das in Verbindung mit dem Naturvolk der Rujuks komisch wirkt. Besonderen Spaß wird es den Schülern bereiten, sich mit Leseübungen am seltsamen Kauderwelsch der fiktiven Rujuksprache zu versuchen.
Die Erarbeitung der ironischen Passagen in der Erzählung ist besonders wichtig für die Deutung der Aussagen.
So zeigt sich die Distanz des fiktiven Ich-Erzählers zum Wissenschaftler James Wodruff bereits ganz am Anfang in der Stilfigur des Gegensatzes (große Fähigkeiten – kleiner Kreis).
Durch ironische Überpointierung wird es dem literarisch unerfahrenen Jugendlichen oft schwergemacht, Gemeintes aus dem Gesagten oder Geschriebenen herauszuinterpretieren. Aus dieser Kenntnis heraus sollen die folgenden Textstellen stellvertretend für andere gedeutet werden, in denen ausgeführt wird, daß Wodruff in dreißig Jahren nur zwei Schüler gehabt hat und daß sein Verdienst für die Wissenschaft „unschätzbar“ sei.

Die bis zur Lächerlichkeit überspitzte Darstellung der P-Rujuks, in deren Abc das P enthalten ist, weist ebenso auf ironische Distanzierung hin wie die Überzeichnungen in den Lebensberichten der Beteiligten.
Besonders gelungen ist die Passage (S. 5, Z. 5 f.), in der der Autor mit einem Konjunktiv Distanz zu sich selber schafft („Wäre ich ein Dichter"), das Stilmittel der Synästhesie klischeehaft verwendet („Ein Traum brach mir entzwei") und diese Sprachverwendung im gleichen Satz ironisch entlarvt („obwohl Träume ja nicht brechen können").
Ebenfalls die Darstellung von Zarah Leander und Rita Hayworth – beides zentrale Repräsentanten unserer früheren Unterhaltungswelt – als einzig bekannte Exportprodukte der westlichen Kultur bei den Rujuks ist in seiner Überzeichnung als ironischer Seitenhieb auf unseren oft oberflächlichen Kulturbetrieb zu sehen.

3. Weitere sprachliche Mittel

Die sehr variabel gehandhabte Sprache bietet mehrere Ansätze zur Vertiefung. Im folgenden werden einige Anregungen skizziert.

3.1 Verwendung von Parenthesen, die geschickt kommentierend den Leser humorig in das Geschehen einbeziehen.

3.2 Verwendung von verschiedenen Sprachschichten, die als Interpretationshilfen bearbeitet werden können.
„. . . statte ich eine alte Dankesschuld ab" (S. 3, Z. 3) – Hochsprache
„. . . mit ihnen verkracht bin" (S. 3, Z. 4) – Umgangssprache
„. . . Inhaber der Nutzungsrechte eines Obstgutes" (S. 3, Z. 30) – Amtssprache (doppelter Genitiv!)

3.3 Eine bildhaft konzipierte Sprache, die die einfache, naturgebundene Sprechweise der Rujuks repräsentieren soll. (Beispiel: „Mögen die Geister der Luft dich beschützen!" S. 4, Z. 4 f.) Ganz im Gegensatz dazu steht die Sprache unserer Welt, die eher nüchterne Pragmatik ausstrahlt. (Beispiel: „transportable Apotheke", „Travellerscheckbuch" S. 3, Z. 27 f.)
Besonders wichtig sind in diesem Zusammenhang die Dialogpassagen am Schluß des zweiten Teils (S. 5, Z. 10 ff.). Hier werden ironisierend die Rollen der Sprecher und ihre zugeordneten Sprachmerkmale bewußt vertauscht. Die Szene gipfelt in dem Satz: „Zeuger meines Erzeugers, komm übers große Wasser, hier rollen die Dollars." (S. 5, Z. 19 f.). Hier ist in der Erzählung die endgültige Wende angelegt. Der Ich-Erzähler verfällt in Resignation und gibt die Rujukforschung endgültig auf.

4. Deutung und Vertiefung

Die unter 2. gewonnenen Erkenntnisse über die Verwendung der Ironie (evtl. in Verbindung mit Arbeitsergebnissen aus 3.) zeigen klar, daß die Deutung dieser Geschichte nicht im Aufzeigen des humorigen und unterhaltsamen Duktus steckenbleiben darf. In der letzten Phase der Arbeitseinheit soll vertieft werden, daß eine zentrale Aussage der Erzählung die ironisch kritische Distanz zu unserem Wissenschafts- und Kulturbereich beinhaltet. Die „Wissenschaft" wird ja hauptsächlich deshalb verspottet, weil ihr hier ein erkennbarer Bezug zur Realität fehlt. Eine über die Geschichte hinausgehende Diskussion kann z. B. mit der Leitfrage beginnen, ob die Reaktion des Ich-Erzählers richtig ist, aus der hier ironisch dargestellten Wissenschaftswelt in ein überzeichnetes, idyllisch-überschaubares bürgerliches Dasein zu fliehen. Zu diesem Komplex gehört auch die ironisch überspitzte Kommentierung von Diplomen europäischer Hochschulen (S. 3, Z. 21 f.).

Michael de Witt

Siegfried Lenz Das unterbrochene Schweigen

Der Inhalt der Geschichte ist schnell erzählt. Zwei Familien in einem friesischen Dorf sind seit zweihundert Jahren so miteinander verfeindet, daß sie nicht einmal mehr miteinander reden. Der Grund für diese Feindschaft ist nicht mehr zu ermitteln, sie ist längst zur Tradition mit überlieferten Verhaltensmustern geworden. Nur einmal wird diese Feindschaft für kurze Zeit aufgehoben, als zwei Männer in einer Notsituation allen historischen Haß vergessen, sich gegenseitig helfen, ihre Rettung feiern und sogar gemeinsam ins Dorf zurückkehren und erst in diesem sozialen Kontext sich wieder auf ihre Rollen und das von ihnen erwartete Verhalten besinnen. Nun ist alles wieder beim alten.

Dies wäre nicht mehr als der Stoff für eine Anekdote, käme nicht die besondere Erzählweise des Autors dazu. Ihm geht es nicht nur um das Geschehen, das sich da zwischen zwei Nachbarn abspielt, sondern zugleich um den Erzählvorgang, in den er auch den Leser als potentiellen Mitautor einbezogen wissen will: „Wir haben es in der Hand, die tief verfeindeten Herren ausdauernd arbeiten zu lassen, können ihnen den Widerstand des Windes entgegensetzen, können die Elemente nach Herzenslust toben lassen, uns sind da keine Grenzen gesetzt.“ Ist der Leser sonst gewöhnt, einen literarischen Text als Setzung des Autors zu akzeptieren, bietet ihm dieser Erzähler ausdrücklich einen Freiraum an, in dem er Alternativen entwickeln, seine eigene Phantasie spielen lassen kann. Er gibt den Anspruch auf die Verbindlichkeit seiner Geschichte auf, zeigt, daß Erzählen mit Erfinden, Fabulieren, Ausschmücken zu tun hat und daß der Leser eben dies auch tun kann. Und doch sind der Beliebigkeit Grenzen gesetzt, insofern der Erzähler seinen Leser zwar am langen Zügel der Phantasie laufen läßt, ihm aber zeigt, wo dieser Zügel endet: „Nur in einem bestimmten Augenblick müssen wir uns an die Geschichte gebunden fühlen, und das heißt: Die Boote der tief Verfeindeten müssen von Strömung, Wind und planvollen Wellen zueinander geführt werden, sie haben aus dem Aufruhr aufzutauchen und sich in kürzestem Abstand zueinander zu befinden.“

Plötzlich wechselt der Fabulierer in die Rolle des Historikers und fordert Quellentreue. Hier darf nun auch der Leser nicht mehr seine Phantasie spielen lassen, der Erzähler zeigt ihm, daß er derjenige ist, der die Fäden der Erzählung in der Hand hält. Gibt er sich großzügig in der Ausgestaltung von Situationen, besteht er doch geradezu penibel auf der Wahrheit des Erzählkerns. Hier kann es ihm mit der Wiedergabe gar nicht genau genug zugehen: „Um nur ein Beispiel zu geben: Wenn in einer Familie die Rede auf den Gegner kam, machten eventuell anwesende kleine Kinder ungefragt die Geste des Halsabschneidens, und wie mein Schwager wissen will, verfärbten sich sogar anwesende Säuglinge – was ich jedoch für eine Mißdeutung halte.“ Übertreibungen wie Spekulationen und Hinzudichtungen verfälschen die historische Wahrheit, zu deren Anwalt sich der Autor macht: „Daß sie ein Lied anstimmten, ist nicht erwiesen, aber erwiesen ist [. . .].“ Der Leser, der von der Fiktionalität aller Dichtung nicht nur weiß, sondern dies auch in einem gewissen Rahmen hier ausdrücklich vom Erzähler bestätigt bekommt, reagiert nun verunsichert. Ist dieser Erzählkern vielleicht tatsächlich, im historischen Sinn wahr, oder baut der Erzähler hier nur überaus geschickt den

Anschein der Wahrheit auf? Meint er vielleicht eine Wahrheit im übertragenen Sinn? Sicher ist, daß der Erzähler in der zentralen Aussage ernst genommen werden will, so ernst wie sonst die historische Quelle.
Schaut man sich daraufhin die Geschichte noch einmal an, dann geht es in der Tat um ein Problem, das nicht der dichterischen Phantasie entspringt, sondern das die zwischenmenschlichen Beziehungen betrifft wie Liebe und Haß, Glück und Unglück, Freundschaft und eben Feindschaft. Seinen skurrilen Reiz bekommt dieses Problem dadurch, daß es der Autor in eine Umgebung verlegt, in der Traditionsbewußtsein und Dickköpfigkeit noch verschärfend wirken. So wird die grundlose Feindschaft, deren Anlaß niemand mehr weiß, besonders absurd. Der Erzähler hält seinen Leser bewußt davon ab, Partei zu ergreifen, verhindert, daß er in diese Welt hineingezogen wird. Er soll vielmehr mit ihm erleben, daß die verfeindeten Parteien als Individuen in Not nicht nur ihre Feindschaft vergessen, sondern auf dem besten Weg sind, Freunde zu werden. Daß daraus nichts wird und alles beim alten bleibt, verdanken sie dem Rollendruck, der auf sie als Sozialwesen in einer Gemeinschaft ausgeübt wird. Sie handeln als Dorfbewohner nicht individuell, sondern rollengeprägt. Diese Rolle aber verhindert ein vernünftiges Verhalten, das notwendig die zwischenmenschlichen Beziehungen regeln müßte. In solcher Kritik liegt die eigentliche Wahrheit der Erzählung begründet, sie soll der Leser ernst nehmen trotz allem Spaß am Fabulieren.[1]

Didaktische und methodische Überlegungen

1. Nach der gemeinsamen Lektüre der Erzählung sollten die spontanen Leseeindrücke der Schüler nach Handlung und Erzählstil geordnet werden. Sinnvoll wäre, zunächst die Beziehung zwischen den Nachbarn zu charakterisieren und deutlich herauszuarbeiten, warum das Verhalten in der Notlage keine prinzipielle Veränderung in den Beziehungen bringt (Individuum – Rolle). Der Rollenbegriff kann eingeführt werden, kann aber auch umschrieben werden.
2. Für die Erarbeitung des Erzählstils empfiehlt es sich, die Stellen, an denen der Erzählvorgang thematisiert wird, von den Schülern unterstreichen zu lassen und dann ihre Wirkung auf den Leser zu untersuchen. Hilfreich ist auch, wenn man die Schüler die Geschichte so umschreiben läßt, daß diese Thematisierung wegfällt. Dann werden die Schüler merken, daß die Geschichte verbindlicher wird (weil die ironische oder kritische Distanzierung fehlt) und sich der Leser mehr in das Geschehen und weniger in den Erzählvorgang versetzt.
3. Deutung
   Die Funktion des Erzählstils für die Handlung müßte dahingehend erarbeitet werden, daß der Erzähler einen kritischen Leser intendiert, der sich mit ihm auf die Suche nach der menschlichen Wahrheit in dieser Geschichte begibt. Ist diese Absicht erkannt, können die Schüler in einer kreativen Schreibübung versuchen, den erzählerischen Freiraum zu gestalten, ohne den tieferen Sinn zu verfälschen.
4. Diese Erzählung läßt sich gut vergleichen mit Rudolf Otto Wiemers „Geschichte im Konjunktiv". Beide Geschichten handeln von dörflichem Nachbarschaftsstreit, dessen Anlaß in Vergessenheit geraten ist. Beide Geschichten werden von Erzählern berichtet, die sich zum Geschehen distanziert verhalten und den Leser zum eigenen Urteil bringen wollen. In Wiemers Geschichte leistet der Konjunktiv I diese Distanzierung, bei Lenz die Thematisierung des Erzählvorgangs.

Renate Beyer

[1] Vgl. dazu auch Heinrich Vogeley „Grundlagen der Erzählkunst von Siegfried Lenz" in: Interpretationen zu „Erzählungen der Gegenwart I–VI". Hirschgraben-Verlag, [3]1977, S. 51 f.

Rudolf Otto Wiemer Geschichte im Konjunktiv

Schon mit der Überschrift wird dem Leser ein bestimmter Blickwinkel vermittelt, unter dem er die Geschichte verstehen soll. Offenbar ist der Modus des Erzählens wichtiger als das, was erzählt wird. Um welchen Konjunktiv es sich handelt, machen gleich die ersten Sätze deutlich: Es geht um den Modus der berichteten Rede.
Der Leser wird nicht unmittelbar mit einem Geschehen konfrontiert, sondern er erfährt über den Erzähler eine Geschichte, die diesem wiederum von einem Mann mitgeteilt wurde. Der Erzähler tritt nur als Medium, als Zwischenträger auf. Was er über das Erzählte denkt, bleibt unausgesprochen. Mag die Klimax der nachbarschaftlichen Provokationen sich noch so zuspitzen, er bleibt der objektive, distanzierte Berichterstatter. Er bürgt nur dafür, daß all das, was er sagt, ihm tatsächlich berichtet worden ist, für die Wahrheit des Gesagten aber tritt er nicht ein. Um so mehr ist nun der Leser aufgefordert, sich ein Urteil über das Geschehen zu bilden, der Wahrheit nachzuforschen. Und in der Tat, bei kritischer Prüfung der nachbarschaftlichen Streithandlungen muß er feststellen, daß die Perspektive des berichtenden Mannes denn doch sehr einseitig und subjektiv, ja falsch ist. Obgleich dieser Mann zu Beginn seines Berichts ausdrücklich feststellt, daß sein Nachbar Roth einen berechtigten Anspruch auf 10 Zentimeter seines Grundstücks habe, läuft der ganze Bericht darauf hinaus, daß dieser Roth ein unmöglicher Mensch sei und überhaupt der einzig Schuldige. Der kritische Leser stellt jedoch fest, daß dieser Roth sich zwar sein Recht auf eine wenig verbindliche und unkommunikative Art beschafft, keineswegs aber die Eskalation bewirkenden Provokationen begonnen hat. Die werden vielmehr umgekehrt von seinem Nachbarn initiiert. Im weiteren Verlauf freilich, als das ganze Dorf aggressiv Partei in dem Nachbarschaftsstreit ergreift, läßt sich die Schuldfrage nicht mehr klären. Längst ist der eigentliche Anlaß vergessen, es geht nur noch um Aktion und Reaktion.
Bis zum Schluß des Berichts ist jedoch der Mann bemüht, sich selbst als den Überlegenen und Gemäßigten in seinem Verhalten darzustellen. Stereotyp wiederkehrende Formulierungen wie „nun schon etwas gereizt“ oder „nun schon ein wenig erzürnt“ veranlassen jedoch den einmal kritisch gewordenen Leser, ihren Wahrheitsgehalt im Handlungskontext nachzuprüfen. Da zeigt sich dann, daß dieses Selbstbild im eklatanten Widerspruch zum Handeln steht, wenn der Mann etwa, „nun schon ein wenig außer sich“, zum Gewehr greift, um die Hühner des Nachbarn zu erschießen. Wenn man nachfragt, was eigentlich diese kritische Leserhaltung bewirkt, dann ist es bei der absoluten Distanz des Erzählers, der sich an keiner Stelle mit einem Indikativ dafür verbürgt, „ja, so ist es“, ausschließlich der Modus der berichteten Rede, eben der Konjunktiv I, der dieses leistet.
Die Wirkung dieses Modus auf die Lesehaltung geht freilich noch weiter. Es ist nicht nur so, daß der Leser veranlaßt wird, kritisch mit dem Wahrheitsgehalt der Erzählung umzugehen; die groteske Zuspitzung der nachbarschaftlichen Aggressionen, die alles realistische Maß überschreiten, wirft schließlich auch die Frage auf, inwiefern es hier überhaupt noch um ein wahrscheinliches Geschehen geht. Die fast pedantische Wiedergabe des Erzählten, die in ihrer Akribie jedes mißverständlich wirkende Personalpronomen durch Zusatz erklärt – „er, der Mann,“ –, steht in einem spannungsreichen Kontrast zu der Dramatik der Aggressionen. Der Stil kommt keineswegs mit dem Inhalt zur Deckung, widerspricht ihm vielmehr und erhöht damit die Realitätsferne und Unwahrscheinlichkeit der Geschichte. – So wird der Modus der indirekten Rede unversehens zum Modus der dichterischen Fiktionalität überhaupt. Fiktionalität steht jedoch nicht im Widerspruch zur Wirklichkeit, sie meint diese auf

einer anderen Ebene. Dem Leser stellt sich die Frage nach dem Sinn dieser fiktionalen Wirklichkeit.
So wie der Erzähler mit seiner konjunktivischen Perspektive den Leser auf die Suche nach der Wahrheit schickt, fordert er ihn in der fiktiven Handlung auf, nach ihrem Bezug zur Wirklichkeit zu forschen, sozusagen den Indikativ zum Konjunktiv zu suchen.
Die Geschichte endet mit dem Bild der „verbrannten Erde“ als Ergebnis einer Eskalation von Handlungen, in denen es ausdrücklich nicht um Recht, sondern um Macht geht. In der grotesken Zuspitzung wird überdeutlich, daß solche Eskalationen eine erschreckende eigene Gesetzmäßigkeit entwickeln, deren Auswirkungen keiner der Beteiligten mehr in der Hand hat, die keiner mehr kontrollieren kann.
So bietet die ins Groteske übersteigerte fiktionale Geschichte auf der intentionalen Ebene eine realistische Beschreibung der Ausweitung von sogenannten begrenzten Konflikten zu nicht mehr kontrollierbaren Vernichtungsaktionen.

Didaktische und methodische Überlegungen

1. Wiemers Geschichte eignet sich hervorragend im Rahmen einer an Sprechakten orientierten Sprachreflexion zur Erarbeitung des Konjunktiv I (die wenigen Formen im Konjunktiv II sollte man, um keine Verwirrung zu stiften, an dieser Stelle nur kurz als Ausdruck irrealer Situationen beschreiben und nicht intensiver erarbeiten). Um den Blick des Schülers nicht sofort auf die grammatische Kategorie zu lenken, wäre es sinnvoll, zunächst als Lehrer die Geschichte ohne Überschrift vorzulesen, damit die spontanen Leseeindrücke nicht von der Grammatik, sondern von der Leistung des Stilmittels ausgehen.
2. Ordnen der Leseeindrücke nach Handlung und Erzählhaltung
   Zur Handlung
   a) Um die Schuldfrage zu klären, könnten die Schüler mit Hilfe einer tabellarischen Übersicht die Aktionen der beiden Nachbarn gegenüberstellen und so zu der Einsicht kommen, daß keineswegs, wie der Mann meint, Roth der Urheber allen Unglücks ist.
   b) Die groteske Überspitzung sollte herausgearbeitet und dabei festgestellt werden
      – daß es nicht um Rechts-, sondern um Machtpositionen geht;
      – daß in der Eskalation der eigentliche Streitanlaß ganz vergessen wird und sich eine nicht mehr steuerbare Eigengesetzlichkeit des Streits entwickelt.

   Zur Erzählhaltung
   a) Die Schüler sollten die Position des Erzählers beschreiben. In der Regel werden dabei alle Merkmale des Konjunktivs über die kommunikative Leistung erarbeitet, so daß der Lehrer als zusammenfassende Kategorie problemlos den grammatischen Begriff des Konjunktiv I mit seiner Definition einführen kann:
      – schränkt die Gewißheit einer Aussage ein;
      – wird gebraucht als Modus der indirekten Aussage, besonders als Modus der berichteten Rede;
      – bei der berichteten Rede verbürgt sich der Berichtende nur dafür, **daß** der Redende es gesagt hat. Zum Inhalt der Aussage verhält sich der Berichtende distanziert;
      – wird auch verwendet in der vermutenden Aussage.

      Für die Schüler wird damit die eigene Beobachtungsarbeit positiv bestätigt. An dieser Stelle kann die Überschrift nun auch verstanden werden.

b) Eine wirkungsvolle Übung kann den Schülern die unterschiedliche Leistung der Verbformen von Indikativ und Konjunktiv erfahrbar machen, indem sie eine Passage der Erzählung in den Indikativ umschreiben.

3. Zur Intention des Autors und zur Deutung

a) Es sollte deutlich werden, daß der Erzähler durch die Wahl des in seinen Wirkungsweisen erkannten Stilmittels Konjunktiv den Leser auffordern will, sich sein eigenes Urteil zu bilden.

b) Handlungs- und Stilebene müßten nun zusammengesehen und die Frage nach dem Sinn der Erzählung gestellt werden.
   - Anknüpfung an den eigenen Erfahrungsbereich: Streiteskalationen zwischen Geschwistern und Schulfreunden;
   - Anknüpfung an aktuelle politische Ereignisse: Ausweitung von zunächst lokal begrenzten Konflikten zu Kriegen.

c) Diskussion, wie sich solche Eskalationen vermeiden lassen, z. B. durch Hinzuziehung neutraler Instanzen, durch Versuche, mit Verbalisierung zu rationalisieren.

Renate Beyer

Josef Reding Fahrerflucht

Die Geschichte erschließt sich auch für ungeübte Leser rasch. Sie stellt dar, wie ein Mensch auf der Flucht vor seiner Verantwortung von seiner Vergangenheit eingeholt wird. Im Gewissenskonflikt zeigt er sich sensibel und steht für seine Tat ein. Einfache Sprache und drastische Bildlichkeit irritieren vermutlich nur denjenigen, dem bewußt ist, wie Trivialliteratur heutzutage Erzählformen der Tradition millionenfach platt auswalzt.
Der Autor schrieb diesen Text vermutlich in sehr jungen Jahren (© 1957, vgl. seine Biographie im Leseheft S. 60), als er wohl noch nichts wußte von den neuen Möglichkeiten moderner Erzähler wie Joyce und Döblin, menschliche Bewußtseinsvorgänge literarisch aufzuzeichnen.
Doch gerade ein solcher Text erscheint uns besonders geeignet, junge Menschen für die Leistungsmöglichkeiten und -grenzen von Literatursprache zu sensibilisieren.

Die Grobstruktur läßt sich vom einmaligen Hören aus bestimmen; Einzelheiten müßten dann durch Nachlesen zusammengetragen werden. Es ist aber durchaus vorstellbar, daß der Text gleich durch gründliches individuelles Lesen mit Anstreichungen erarbeitet wird.
Die Tat liegt zeitlich zurück, als die Erzählung beginnt. Das hat sie mit der Detektivgeschichte gemeinsam. Im Unterschied zu dieser jedoch richtet sich das Interesse des Erzählenden nicht auf die Aufdeckung des Tathergangs. Es geht vielmehr um das Aufzeichnen eines Bewußtseinswandels im Täter.
Also bietet es sich an, dem Bewußtseinsprozeß zu folgen, der im Leser einige Beunruhigung und schließlich Beruhigung auslöst. Die konventionelle Art, Gedanken aufzuzeichnen, verfährt analog zur wörtlichen Rede: „. . . dachte der Mann.“ Sie führt an einigen Stellen zur Aufspaltung in ein „redendes“ und ein „hörendes“ Ich: „. . . Du mußtest weg . . .“ Dieses Verfahren ist in gewisser Weise unpsychologisch, insofern es so tut, als reihe ein Mensch in einem derartigen Erregungszustand geordnete Denk–Sätze aneinander. (Um die unterschiedliche Leistungsfähigkeit bestimmter Mittel der Erzählung erfahrbar zu machen, könnte man in einer späteren Phase der

Textbehandlung vergleichen mit einem Stück Bewußtseinsprotokoll des Franz Biberkopf in Alfred Döblins Roman „Berlin Alexanderplatz".)
Arbeitsfrage: Was füllt jeweils das Bewußtsein des Mannes aus? Die Ebene der Wahrnehmung von Außenwelt und die Ebene der Gedanken schieben sich ineinander:

Erklärungsversuch der Tat ↗ Schweiß ↘ Angst ↗ Rotlicht ↘ Polizei ↗

D-Zug, Ampel-Grün, Knirschen des Getriebes ↘ Erinnerung an das Unfallgeräusch usw.

Die Flucht vor der Verantwortung für den Verletzten wird dadurch erfahrbar gemacht, daß der Mann gedanklich vorwiegend bei sich selbst ist. Erst als seine Gedanken zu der Person des anderen, des Geschädigten, dringen, entsteht der Konflikt. Leider wird der Konflikt nicht, wie vorbereitet (Status: Straßenkreuzer, neues Haus, Tochter im Internat), als Wertkonflikt ausgetragen, sondern von einer gekünstelten Bildlichkeit verdeckt, so daß die Wendung von ästhetischen Phänomenen auszugehen scheint (Kreuz, Bild des Verunglückten, Ekel vor Blut).
Dementsprechend wird die Rückkehr zu dem Verletzten nach Filmmanier rein visuell vermittelt, ohne daß der Leser an weiteren gedanklichen Prozessen teilnehmen kann. Der Schlußsatz konfrontiert ihn mit dem Bekenntnis des Täters zu seiner Schuld.
Auf dem Erfahrungshintergrund dieser Geschichte läßt sich die mit weitaus subtileren Mitteln gestaltete Erzählung „Schneeschmelze" von Marie Luise Kaschnitz (S. 32) behandeln. Hier entwickelt sich im *Dialog* die Öffnung hin zu demjenigen, dem man Unrecht getan hat, und das Eingeständnis der Schuld.

Günther Lange

Jens Rehn Der Zuckerfresser

Mit zehn weiteren von ihm erschien diese Erzählung in einem Sammelband 1961, nachdem Rehn vor allem durch zwei Romanwerke – „Feuer im Schnee" (1956) und „Die Kinder des Saturn" (1959) – schon als Schriftsteller existentieller Grenzsituationen des Menschen der Welt nach dem 2. Weltkrieg bekannt geworden war. Der erwähnte Erzählungsband aus dem Jahr 1961 trägt auch den Titel „Der Zuckerfresser", ein Zeichen dafür, daß Rehn dieser Erzählung besondere Bedeutung beigemessen hat.
Franz Lennartz charakterisiert Rehns schriftstellerisches Werk als eins, das den „abendländischen Menschen gleichnishaft und radikal sachlich in extremste Ausnahmesituationen der Ausgesetztheit (stellt), und zwar in faszinierend trostlosen Bilanzen unabänderlichen Untergehens". (Deutsche Dichter und Schriftsteller unserer Zeit. Kröner, Stuttgart 1969, S. 549 f.) – Mit dem Erzählungsband „Der Zuckerfesser" kündet sich nach Lennartz vielleicht aber schon „in der Hinwendung zum Alltäglichen als dem Spiegel des Allgemeingültigen eine neue Schaffensphase an". (ebenda)
Als „alltäglich" kann man die Fabel der Erzählung „Der Zuckerfresser", die durch ihren offenen Anfang und Schluß sowie ihre Alltagssprache in den Dialogen Merkmale der Gattungsform Kurzgeschichte aufweist, gewiß kennzeichnen: Da lernt ein sieben- bis achtjähriger Junge auf Sylt einen Schriftsteller – den Ich-Erzähler –

kennen, der in der Nachsaison bei Kampen seinen Urlaub verbringt. Der Schriftsteller lädt den Jungen in eine nostalgisch aufgemachte Teestube, das Witthüs, ein. Dort ißt der Junge den zum Tee gereichten Kandiszucker in Mengen, die dem Personal auffallen, steckt sich auch Kandiszucker zum Mitnehmen ein und fordert den Schriftsteller zum Mitgehen zu einem Versteck in einem verfallenen Artilleriebunker in der Nähe des Roten Kliffs auf, wo er eine verletzte Möwe versteckt hält, deren Federn von der durch Öl und Teer verschmutzten Nordsee stark lädiert sind. Der Möwe hat der Junge den Namen „Teetje“ gegeben. Er füttert sie mit Kandiszucker. Noch zweimal besuchen der Junge und der Ich-Erzähler zusammen die Möwe in ihrem Versteck. Der Ich-Erzähler sorgt dabei für Kandiszucker. Drei Tage vor der Abreise des Ich-Erzählers bleibt der Junge aus, der Erzähler sucht das Versteck auf, es ist leer. Bevor er abreist, erfährt er im Witthüs, daß der Junge da war, um mitzuteilen, er esse keinen Zucker mehr, Teetje sei tot.

Eine kaum mitreißende Fabel, von Rehn in nicht zu steigernder Untertreibung vorgetragen und dennoch voller Spannung durch das nicht Ausgesprochene, nicht Erzählte, nur Angedeutete, in der sprachlichen Komposition zaghaft deutlich werdende: die Einsamkeit des Einzelmenschen, die moderne Zivilisationshülle, die Verständnisschwierigkeiten der Menschen untereinander, das unechte Leben, die Tierliebe, die sich u. U. ganz falsch äußert, aber ehrlich gemeint ist, die Befreiung des Individuums im Akt des Aufeinanderzugehens durch das Verstehen der Motivationen des Sprechpartners. – „‚Tag, Teetje!‘ sagte ich. Die Möwe fraß den Zucker, und der Junge streichelte sie. ‚Hab ich vor ner Woche gefunden, is ganz zahm, von Anfang an. Machsten leiden?‘ ‚Genau‘, sagte ich. Der Junge verzog das Gesicht, und nun sah ich ihn zum erstenmal leise lächeln.“ – Diese Stelle mag der Höhepunkt der Erzählung sein.

Doch damit ist die didaktische Problematik dieser Erzählung offenkundig geworden. Wie kann sie Schülern verständlich werden, durch methodische Hilfen verständlich gemacht werden? Welche Lebens- und Verständnisreife der Schüler ist dazu vonnöten? Die Ichbewußtheit ist gewiß notwendige Voraussetzung für ein annäherndes Verständnis, d. h. man kann die Erzählung wohl nur Schülern der Sekundarstufe II nahezubringen versuchen, vielleicht wird daneben das Wagnis einer Behandlung in der Endklasse der Sekundarstufe I einigen Erfolg bringen.

Wie aber vorgehen?

Das abschnittsweise Erlesen des Textes wird der gebotene Weg sein, denn es kommt nach der Struktur der Erzählung darauf an, die sprachlichen Kommunikationsebenen bis hin zur Metakommunikation aufzuspüren, die die innere Spannung der Fabel ausmachen; eine äußere Spannung besitzt sie nicht.

Fünf Abschnitte gliedern die Erzählung. Sie sollten nacheinander von den Schülern erlesen werden, um danach jeweils eine Besinnung zu sprachlichen und gehaltlichen Nahtstellen des Gelesenen eintreten zu lassen.

Der erste Abschnitt ist vom Beginn der Erzählung bis zu der Stelle „Komm mit“, sagte ich, „wenn du Lust hast“ zu sehen. Der zweite Abschnitt setzt unmittelbar danach ein und geht bis „. . . holte mein Heft hervor und fing an zu schreiben“. Der dritte Abschnitt folgt mit der Feststellung des Jungen „Schreibst ja doch!“ und endet bei „Wirste sehn. Kommste mit?“ Der vierte Abschnitt schließt sich sofort an und endet bei „Der Junge verzog das Gesicht, und nun sah ich ihn zum erstenmal leise lächeln“. Der fünfte Abschnitt ist der Rest der Erzählung.

Im ersten Abschnitt ist auf die Alltagssprache des Jungen im Dialog hinzuweisen, sie zieht – der Norm der Hochsprache widersprechend – Einzelworte zusammen, ist aber sehr konkret (z. B. „Was schreibst'n da?“ – „Biste von der Zeitung oder isses nurn Brief?“ – „Wasser, weißte“ – „Schreibste Geschichten?“ – „Wasn für Geschichten?“ „Was de selbst erlebt hast?“ – „Wo gehsten jetzt hin? Hause?“ –).
Die Antworten des Ich-Erzählers sind zwar grammatisch korrekt in der Hochsprache formuliert, bleiben hingegen in einer uneindeutigen Schwebe. Die Verständigung der beiden Sprecher kommt – abgesehen vom Schluß des Abschnitts, wo der Erzähler den Jungen zum Tee ins Witthüs (weißes Haus) einlädt – nicht zur Übereinstimmung. Dies kann der Ansatz zur ersten Besinnung werden: Warum ist das so? Muß das so sein?
Wichtig im ersten Abschnitt ist auch der Hinweis auf das verschmutzte Meer, da „die Dampfer draußen auf See ihr mistiges Öl außenbords pumpen und den ganzen Strand versauen“. Hier ist ein Ansatz zur Reflexion des Zivilisationsproblems der Umweltverschmutzung gegeben.

Der zweite Abschnitt schildert in seinem ersten Teil die Atmosphäre im Kurort acht Tage vor Schluß der Nachsaison Ende September. Die Darstellung gibt Gelegenheit zu einer Gegenüberstellung des Kurlebens in der Hoch- und der Nachsaison. Die Schüler können nach dem Erlesen des 1. Abschnitts hier gewiß summieren:

Hochsaison:	Massenpublikum, aufgedonnert und laut mit zahlreichen Autos, Réunions (gesellschaftliche Zusammenkünfte), Wahlen der Orts- und Strandkönigin
Nachsaison:	ältere Leute oder Liebespaare in wenigen Strandkörben, Aussichtsbänke leer, Straßen des Orts kahl und hölzern. Quartier ruhig und solide, nicht zu teuer, kein Nepp.

Der zweite Teil des Abschnitts schildert das Witthüs, seine Kabäuzchen (kleine Zimmer), das Rieddach (Schilfrohrdach), seine Bedienung, Studentinnen, die als Bajaderen, Geishas (japanische Unterhaltungstänzerinnen im Teehaus), und Nymphen gekennzeichnet werden, Studentinnen, die sich in ihren Semesterferien durch ihre Bedienungstätigkeit Geld verdienen.
Im Witthüs kann man sich Schallplatten aussuchen, die die Bedienung auflegt. Der Ich-Erzähler wünscht sich eine verschollene Kammermusik des Italieners Alessandro Scarlatti (1660–1725), ein anderer Gast später in der Erzählung die 7. Symphonie von Anton Bruckner (1824–1896). – Dazu gibt es alle möglichen Teesorten, friesischen mit Rahm und Kandis, russischen mit kandierten (mit Zuckerguß übergossenen) Kirschen und Preiselbeeren, grünen Indientee. Das alles bietet eine „gehobene Atmosphäre, nicht ohne Fröhlichkeit“.
Kontrastiert allerdings wird diese Schilderung durch den Absturz eines Düsenjägers vom Flugplatz Keitum ins Watt; der Pilot hatte sich zwar durch Absprung retten können, aber ein paar Millionen Mark lagen nun im Schlamm. Es wird schwer sein, Schülern die in der Darstellung der Schilderung spürbare – nicht ausformulierte – Groteske als Zusammenfügung des Nichtpassenden deutlich werden zu lassen. Aber vielleicht hilft das Anhören einer Platte mit Scarlattimusik in der Klasse, verbunden mit der Aufforderung, sich vorzustellen, sie im Witthüs anhören zu müssen, um den Charakter der Überästhetik zu vermitteln, die als ein Zeichen unechter Zivilisation gewertet werden muß. Zur Überästhetik paßt – wiederum grotesk – die Kennzeichnung „Zucker**fresser**“, „Nassauer“, die die Bedienung im folgenden Abschnitt für den Jungen findet, in gar keiner Weise.

Im dritten Abschnitt taucht wie „aus dem schieren Nichts“ der Junge im Witthüs auf. Er ist der Einladung des Erzählers gefolgt und motiviert durch sein Verhalten in der Teestube seinen, ihm von der Bedienung gegebenen Namen „Zuckerfresser“. Er ist öfter im Witthüs, wie die Studentin zu erkennen gibt. Sie kennzeichnet ihn mit den Worten: „Ich wundere mich nur, daß der ganze Junge nicht aus purem Zucker besteht. Dieser Zuckerfresser! Unser bester Kandiskunde. Ein Nassauer ist er, das ist er!“
Nach der Lektüre des dritten Abschnitts können die Schüler diese Aussage an einer Reihe von Textstellen gewiß bestätigen.
Jedoch – die Motivierung des Namens „Zuckerfresser“, und damit auch der Überschrift der Erzählung, ist das Entscheidende im 3. Abschnitt allein nicht. Ebenso wichtig ist – wie im ersten Abschnitt – die Dialogführung zwischen Erzähler und Jungen, insbesondere in der Passage: „Biste fertig oder machste weiter?“ bis „Nana –!“ Hier wird wiederum die Vordergründigkeit des Gesprächs zu einem Indiz der Kommunikationsschwierigkeiten des Erzählers und des Jungen, ein Indiz, das metakommunikativ auf beider Vereinsamung schließen läßt.
Das Ende des Abschnitts bereitet die im vierten Abschnitt sich einstellende Verständigung zwischen beiden durch das Medium der Tierliebe vor, als der Junge Kandis für Teetje in seine Hosentasche steckt. „Wer ist denn Teetje? Dein Freund?“ fragt der Erzähler. „Wirste sehen. Kommste mit?“

Der vierte Abschnitt bringt den Höhepunkt der Erzählung. Der Junge eröffnet dem Erzähler sein Geheimnis. Er zeigt ihm die Möwe im Artilleriebunker. Die gemeinsame Liebe zum Tier – bemerkenswert ist, zu einem Tier! – stiftet zwischen beiden das Verständnis. Der gesamte Abschnitt muß auf sein Ende hin interpretiert werden: Der Junge lächelt zum erstenmal leise (eine groteske sprachliche Synästhesie!), nachdem der Erzähler ihm bestätigt, daß er die Möwe, Teetje, leiden mag.
Zwischen beiden ist eine Kommunikation, eine gegenseitige Verständigung hergestellt.

Der fünfte Abschnitt macht die gegenseitige Verständigung aber wieder zunichte. Der Junge bleibt aus. Der Erzähler wartet vergeblich auf ihn. Von der Bedienung im Witthüs erfährt er und wir Leser – begleitet vom Plattenspiel „Erwachen heiterer Gefühle auf dem Lande“ – allegro ma non troppo – lebhaft, aber nicht zu stark –, warum. Teetje ist tot.
Wolfgang Bovelet zitiert im Kapitel „Jens Rehn“ (in „Schriftsteller der Gegenwart“, hg. v. Klaus Nonnenmann. Walter, Olten u. Freiburg i. Breisgau 1963, S. 243) den Autor wie folgt: „Ich lebe von dem, woran die anderen sterben; so nehme ich zu unter der Raspel der Jahre; denn die Kraft der Einsamkeit ist größer als alle Möglichkeiten irdischer Liebe“ und fährt fort, es „sei jedem anheimgestellt, diesen Satz auf den Autor zu münzen, wie er ihn verstehen will.“ –
Eine didaktische Feststellung muß zum Schluß aber dazu noch getroffen werden: Das darf dann nicht die einzige Aussage bleiben, die Schülern von und durch Literatur mitgeteilt wird.

Horst Haller

Heinz Rein Die Freundschaft mit Hamilton

Das widersprüchliche Empfinden des Menschen Fremden gegenüber, sie gern zu sehen und kennenzulernen, gleichzeitig aber auch sie zu fürchten, abzulehnen und sogar zu hassen, ist der eigentliche Hintergrund dieser Geschichte einer Freundschaft zwischen einem Neger und einem zugewanderten Weißen in den Vereinigten Staaten. Die dramatische Entwicklung von einer schönen Übereinstimmung bis zum unheilbaren Bruch wird durch folgende Ereignisse bestimmt: die Hilfe Hamiltons beim Einleben Milans in Gesellschaft und Beruf, das Angebot Arlingtons für das berufliche Weiterkommen Milans und Milans Liebe zu Jane.
Milan gerät in einen unlösbaren Konflikt erstens, weil sein Arbeitgeber Arlington unnachgiebig ist: „In meinem Betrieb werden keine Neger beschäftigt." Zweitens ist Jane noch härter. Sie fragt ihn, ob er etwa den Nigger kennt. Arlington hinderte Milan nicht daran, seinen freundschaftlichen Verkehr mit Hamilton fortzusetzen, aber Jane tötete durch ihr Verhalten seine Freundschaft. Er gewinnt eine Frau und verliert dadurch einen Freund. Sicherlich ist es unter den gesellschaftlichen Bedingungen Amerikas schwer für die drei Weißen, anders zu handeln, aber es ist nicht unmöglich. Der entscheidende Grund für die Tragödie liegt in den Charakterschwächen Milans, Arlingtons und Janes. Hamilton resigniert weise und traurig.
Die Geschichte ist eine Er-Erzählung in realistischer, fast dokumentarischer Sprache, die durch kurze, charakterisierende direkte Reden aufgelockert wird. Viele moderne Schriftsteller verwenden Wörter und Wendungen der fremden Sprache des Landes, in dem ihre Geschichte spielt. Bei Orts- und Personennamen ist das unvermeidlich; bei Wörtern, die in der gegenwärtigen deutschen Umgangssprache verwandt werden, ist das verständlich, aber bei Wörtern wie Subway (Untergrundbahn), Skyline (Horizont) und Downtown (Geschäftsviertel) muß man den Autor fragen, ob die Lesbarkeit seiner Geschichte nicht gewinnt, wenn er die deutschen Ausdrücke gebraucht. Garage bedeutet im Amerikanischen auch Tankstelle mit Reparaturwerkstatt und auch Autohandel. In dieser Bedeutung wird das Wort im Deutschen nicht verwandt. Hier entsteht durch die Übernahme des fremden Wortes, das im Deutschen die gleiche Gestalt, aber nicht den gleichen Wortinhalt hat, die Gefahr falscher Vorstellungen beim Leser.

Didaktische Überlegungen

Für den jugendlichen Leser entstehen Schwierigkeiten beim Verständnis des Problems, der tragischen Grundstruktur und der sprachlichen Eigentümlichkeiten des Textes. Der historische und gesellschaftliche Hintergrund der Geschichte geht zwar aus dem Inhalt hervor, aber die Bedeutung der Rassen und Nationalitäten für das Leben in der amerikanischen Nation sollte durch ein Vorgespräch ins Bewußtsein der Schüler gehoben werden. Die Mischung und Isolierung rassischer, nationaler und religiöser Gruppen in den USA ist einzigartig auf der Erde. Das Hauptproblem ist zweifellos das Zusammenleben der Weißen und Neger, hauptsächlich wohl, weil es durch die frühere Sklaverei zusätzlich belastet ist. Dieses besondere amerikanische Problem muß außerdem als eine Erscheinung des allgemeinen menschlichen Fremdenhasses verstanden werden. Der Jugendliche muß also sich selbst, die eigenen Verhältnisse in seiner unmittelbaren Umgebung und die in der bundesrepublikanischen Gesellschaft betrachten, um das Problem als ein allgemein menschliches zu verstehen, und außerdem die eigentümlichen amerikanischen Verhältnisse kennen und verstehen, um in die Geschichte einzudringen.

Methodische Anregungen

Vor dem Lesen sollten die fremdsprachigen Wörter in Aussprache und Bedeutung vermittelt werden. Wegen der zahlreichen fremden Wörter empfiehlt es sich, den Text geschlossen vorzulesen. Entweder liest der Lehrer selbst oder ein sorgfältig vorbereiteter Schüler.
Das Gespräch geht auf den historischen und gesellschaftlichen Hintergrund der Geschichte, das Problem, den dramatischen Ablauf und die tragische Grundhaltung ein.
Eine Erörterung der Charaktere der vier Personen, besonders im Zusammenhang mit der Tragik, ist sicher ergiebig, da sie klar profiliert sind.

Heinrich Vogeley

Hans Bender Auf dem Rummelplatz

I. Vorschlag zum Textverständnis

Die Bendersche Erzählung beleuchtet jene Phase des Heranwachsens, in der der Jugendliche sich vom Elternhaus löst und seinen eigenen Lebensstil, seine Identität zu finden versucht.
Der Autor hat Situationen ausgewählt, an denen deutlich wird, daß dieser Vorgang der Ablösung und Selbstfindung nicht etwa mit dem erhofften Gefühl der Freiheit verbunden ist, sondern eher mit Einsamkeit, Enttäuschung, Langeweile und Ratlosigkeit einhergeht.

1. *Zur Sprache*

Daß es oft eine triste Erfahrung ist, erwachsen zu werden, verdeutlicht der Autor vor allem in seiner Sprache: Schon der Wohnort der drei im Mittelpunkt stehenden Jungen ist öde: „Zwischen den Häusern lagen Schutthalden" und „unsere Zimmer waren hoch und düster tapeziert". Auch der Rummelplatz, von dem sie sich Abenteuer versprechen, wird so beschrieben, daß der Leser von vornherein nichts Erfreuliches erwartet: „. . . eine Stadt von Lärm, Musik, Lichtern, die sich im schwarzen Wasser spiegelten" und „. . . drehte ein Karussell die zähnebleckenden, weißlackierten Lipizzaner mit leeren Sätteln". Es ist ein „Sauwetter", und die Beine der Artistin sind „blaurot vor Kälte".
Neben den im allgemeinen negativ beschriebenen Aufenthaltsorten der Jungen wählt der Autor unerfreuliche Begegnungen mit unterschiedlichen Menschen, um die Schwierigkeit des Erwachsenwerdens noch zu verdeutlichen.

2. *Zu den Personen*

2.1 *Die Jungen untereinander*

Einzig ihr Alter verbindet sie; sie machen die Erfahrung, daß es für den Gymnasiasten einerseits und die beiden Lehrlinge andererseits schwierig ist, Gemeinsamkeiten zu finden. Sie trennen sich auf dem Rummelplatz, und erst im kindlichen Karussellfahren am Schluß der Erzählung erleben sie ein gemeinsames Gefühl: „Wir johlten, wir waren wie Kinder. . .", ein Gefühl, das in sich zwiespältig erfahren wird („nein, es war doch nicht mehr so"; s. auch die Szene mit der Kassiererin) und das damit die Situation des Jugendlichen charakterisiert: die Geborgenheit des Kindseins ist (so gut wie) vorbei, und die angestrebte (Selbst-)Sicherheit des Erwachsenen (vgl. „Es war großartig, in einem Auto zu sitzen . . .") ist noch nicht erreicht.

2.2 *Der Gymnasiast und seine Eltern*
Der Autor verdeutlicht, daß die Welt des Jugendlichen und die der Eltern völlig getrennte Bereiche sind, verbunden nur durch eine gequälte, negative Stimmung: „Vater hatte kein Verständnis für meinen Wunsch, Mutter noch weniger." „Vater gähnte, blätterte trotzdem Blatt für Blatt der Zeitung um. Mutter zog einen Ärmel, den sie am Abend zuvor gestrickt hatte, wieder auf"; „. . . ich sagte gute Nacht und ging in mein Zimmer." Wie gering der Konsens mit den Eltern ist, zeigt die Tatsache, daß der Junge seine Bitte, auf den Rummelplatz gehen zu dürfen, nicht mit den Eltern erörtert, sondern trotz deren Ablehnung heimlich hingeht.

2.3 *Das Verhältnis zum anderen Geschlecht*
Die Jungen begeben sich erst abends auf den Rummelplatz, weil dann „die Mädchen herumstreunen". Als sie drei Mädchen sehen, wollen sie sie „aufs Korn [nehmen]", doch ist diese Begegnung geprägt von Verlegenheit, Langeweile und Unlust. Keiner hat Spaß daran, und so werden die Mädchen von den Jungen mit Begriffen belegt wie „das blöde Ding", „euch Gänse", und die Mädchen nennen die Jungen „Angeber". Jeder hat offensichtlich aufgrund einer Klischeevorstellung von der Begegnung mit dem anderen Geschlecht etwas ganz Besonderes erwartet, vielleicht ‚das große aufregende Abenteuer'; doch dann verläuft der mit Spannung erwartete Kontakt ebenso enttäuschend und banal wie die anderen Situationen auf dem Rummelplatz.
So verwendet der Autor diesen Rummelplatz vielleicht symbolisch als ‚Jahrmarkt des Lebens', bei dem zwar viel in Szene gesetzt wird, der dem einzelnen aber keine Befriedigung bringt, weder in dem, was er von der Beziehung zu anderen erwartet, noch in dem, was er selbst zu tun in der Lage ist. Die Desillusionierung der in der Kindheit und frühen Jugend erträumten Welt findet hier mit dem düsteren Rummelplatz einen adäquaten Ausdruck.

II. Zur Behandlung der Erzählung im Unterricht

1. *Didaktische Vorschläge*

Den Schülern könnte an dieser Erzählung verdeutlicht werden,

1. daß Erwachsenwerden häufig mit dem Gefühl der Einsamkeit verbunden ist;
2. daß die ersten Versuche, dem anderen Geschlecht als Geschlechtspartner zu begegnen, oft von dem Empfinden der Peinlichkeit und Ratlosigkeit begleitet sind;
3. daß eine (zeitweise) Entfremdung zwischen Erwachsenen und Jugendlichen zum notwendigen Ablösungsprozeß von den Eltern gehört;
4. daß eine Erzählung eine bestimmte Stimmung vermitteln kann und zwar durch die Art der Wortwahl eines Autors (ästhetische Funktion der Sprache).

2. *Methodische Vorschläge*

1. Nach der Lektüre können u. U. spontan auftretende Reaktionen die Schüler veranlassen, ähnliche eigene alterstypische Erfahrungen zu berichten.

2. Die Schüler fertigen eine Gliederung des Textes an und behandeln dann die unter I. genannten Textaspekte. Hierbei empfiehlt es sich, unter Berücksichtigung des Schwierigkeitsgrades zunächst die Personen und ihre Beziehungen zueinander zu besprechen (1. Die Jungen untereinander, 2. Der Gymnasiast und seine Eltern, 3. Das Verhältnis zum anderen Geschlecht: s. I. 2.1–2.3) und danach die Sprache in der Darstellung der Aufenthaltsorte zu untersuchen (S. I. 1).
3. In Gruppenarbeit erörtern die Schüler je Gruppe eine Situation und kommentieren sie.
4. Im Plenumsgespräch werden die Ergebnisse der Gruppenarbeit diskutiert.
5. Die Funktion der Sprache wird untersucht, indem besonders die Ergebnisse der Textanalyse (Wortwahl des Autors) berücksichtigt werden.
6. In einem abschließenden Gespräch könnte man mit der Klasse die Vor- und Nachteile der verschiedenen Lebensalter besprechen.

Elke Detjen-Vogeley

Marie Luise Kaschnitz Schneeschmelze

Diese Erzählung scheint für Schüler zunächst wenig Anknüpfungspunkte spontanen Interesses zu bieten: Sie enthält wenig Handlung und spielt ausschließlich zwischen zwei älteren Menschen. Sie ist auch insofern schwer zu lesen, als die Erzählerin wenig an Ausgestaltung selber übernimmt, es vielmehr dem Leser überläßt, Bezüge und Bedeutungen herzustellen.
Unterrichtsversuche erweisen jedoch, daß sehr viele junge Menschen mit Faszination auf die subtile, vielschichtige Erzählweise reagieren. Ihr Interessenschwerpunkt liegt eindeutig bei Hellmuth, einer Gestalt, welche in der Erzählung gar nicht körperlich präsent ist. Ihren Lebensweg zu rekonstruieren, stellt eine geistige Herausforderung dar, und die begleitende Grundfrage lautet: Wie gehen Eltern mit ihren Kindern um, und was wird aus ihnen?
Der Lehrer muß sich entscheiden, ob er diesem berechtigten Schülerinteresse entgegenkommt und eventuell auch die Besprechung abschließt, wenn diese Ebene der Erzählung erschlossen ist. Die Eltern erscheinen dann als die mehr oder weniger Verantwortlichen für eine kriminelle „Karriere“.
Marie Luise Kaschnitz hat diese Geschichte im verhaltenen Ton geschrieben, und ihr Hauptinteresse gilt der Frage, wie Eltern mit Schuld und Verantwortung fertig werden, wenn sie erkennen, daß es ihnen nicht gelungen ist, ein Kind zu erziehen. Wenn auch diese Ebene wenigstens teilweise erschlossen werden soll, könnte man den Unterricht methodisch so arrangieren, daß die Grundsituation der Eltern zunächst ins Blickfeld rückt, ohne daß der Weg des Sohnes erkennbar ist.
Es bietet sich an, die erste Erzählphase über das Hören zu vermitteln und den Text lesend erst dann heranzuziehen, wenn die Grundsituation geklärt ist. Die erzählte Gegenwart bliebe dann im Bewußtsein, wenn die Vergangenheit in den Mittelpunkt des Interesses rückt.
Das erzählerische Geschehen vollzieht sich nahezu ausschließlich im zwischenmenschlichen Bereich. An den wenigen Stellen, an denen Natur in den Ablauf des Geschehens eintritt, entstehen Zäsuren, Signale, innezuhalten und grundsätzlich nachzudenken.

Die erste Erzählphase

schließt mit der zweiten Nennung der Schneeschmelze (S. 35). Erarbeitet werden können:

a) die Lebenssituation der beiden Zentralgestalten
Fragenkomplex: Was erfahren wir über die beiden Einzelpersonen? (keine äußere Charakterisierung: die Frau, der Mann). Was kennzeichnet ihre Beziehung zueinander? (das lakonische Sprechen in knappen Sätzen, das eingespielte Verhalten ohne Mißverständnisse). Wie wird ihre Lebenswelt dargestellt? (das mit positiven Gefühlen besetzte kleinbürgerliche Milieu).

b) die schrittweise Information des Lesers über das Zentralproblem durch Teilnahme am Dialog der beiden
Fragenkomplex: Was erfahren wir über den Sohn? Worin besteht die Bedrohung? Wie stellen sich die Frau und der Mann darauf ein?

Das von den Schülern weitgehend selbständig zu erarbeitende Material sollte gemeinsam zur Grundkonstellation der Erzählung zusammengefügt werden:

die Frau: ängstlich der Mann: beschwichtigend	das Wohngehäuse: hell, freundlich, gemütlich, hübsch, lustig	⇐	Einbruch tödliche Bedrohung Totschlag	← Hellmuth

Die zweite Erzählphase

ist wiederum eingespannt in zwei Nennungen der Schneeschmelze (S. 35–36). Der Abschnitt stellt den Versuch der beiden dar, angesichts der Bedrohung von außen und des Angstdrucks von innen ein Stück ihrer gemeinsamen Vergangenheit zu bewältigen, nämlich ihre Elternschaft.

Das Geräusch des herabrutschenden und hinabfallenden Schnees löst die Gedankenkette aus, die sich im Dialog knüpft. Wiederum lassen sich zwei thematische Komplexe erarbeiten:

a) Hellmuth
Nach individueller Lektüre können Gruppen oder jeder Schüler für sich (eventuell als Hausaufgabe) die wichtigen, aus der Erinnerung hervorgeholten, Ereignisse zusammenstellen. Die Deutung dessen, was da geschehen ist, sollte gemeinsam erfolgen.
Da den Schülern die Perspektive des Jungen näherliegt als die der Eltern, werden sie das von diesen Gesagte „umzupolen" versuchen.
Die Ergebnissicherung könnte etwa folgendermaßen aussehen:

Mitgeteilte wichtige Ergebnisse	Vermutete innere Vorgänge
– Adoption des Babys	
– 7 Jahre: mit dem Baukasten Gefängnis gebaut	– Enttäuschung, Einsamkeit, Eingeengtsein
– Kaninchen erwürgt	– Aggression nach unten weitergegeben
– 9 Jahre: Mutter geschlagen	– Haß
– Erziehungsanstalt	– Abgeschobensein
– Gang zu den Teichen	– Kontakt, Geborgenheit
– Sohn des Bürgermeisters schwer verletzt	– Aggression (s. o.)
– 15 Jahre: aus der Anstalt ausgerückt	– Fluchtversuch, Ruf nach Hilfe

Selbstverständlich wird hier permanent die Eltern-Kind-Beziehung verhandelt, und insofern ist der zweite thematische Komplex bereits im ersten enthalten. Die Ergebnisse des Umdenkens auf die Eltern-Perspektive lassen sich jedoch gesondert zusammenstellen und lenken das Augenmerk wieder auf den Erzählablauf in der Gegenwart.

b) Die Beziehung der Eltern zu ihrem Sohn

Deutlich geworden ist in der Diskussion von Hellmuths Schicksal sicherlich,

1. daß der Leser alles aus der Blickrichtung der Eltern erfährt,
2. daß die Eltern Hellmuth bedrohlich, als Gegner sehen,
3. daß sie vermeiden wollen, sich selbstkritisch zu betrachten.

Der Text läßt eine Vielzahl von Vermutungen zu, was die Eltern falsch gemacht haben. Zentralen Aussagewert erhält daher die kurze Episode vom Gang des Vaters mit dem Sohn zu den Teichen im Wald (Natur im Ablauf des Geschehens!). Sie fällt als positives Ereignis völlig aus dem Rahmen der übrigen Vorgänge heraus.

Die kritische Betrachtung der Äußerungen „Er hat uns nicht liebgehabt. Er hat niemanden liebgehabt" wird zu der Gegenfrage führen: Hat er denn selbst Liebe erfahren? (S. 41 wird sich die Berechtigung dieser Frage erweisen).

Die dritte Erzählphase

beginnt mitten in einer Episode, die aus der Vergangenheit hervorgeholt wird, aber die Zäsur wird sogar zweifach signalisiert: einmal durch die Feststellung der direkten jahreszeitlichen Parallele Schneeschmelze damals – heute, anschließend auch noch durch die generalisierende Feststellung „Alles wie heute", bei der „wie heute" zweimal wiederholt wird. So wie der erzähltechnische Einschnitt nur aufmerksamen Lesern erkennbar wird, entwickelt sich auch die neue Qualität des Denkens in dieser letzten Phase aus winzigen Andeutungen heraus.

Bisher herrschte eindeutig eine harte Abgrenzung der Eltern von ihrem Kind, vor allem von der Frau ausgehend. Jetzt bereitet sich gerade in ihr die Wende vor. Ausgangspunkt ist die Erkenntnis der Parallelität ihrer gegenwärtigen Situation zur härtesten Distanzierung, die sie damals vollzogen:

die Frau
der Mann

verschlossene Tür ← der Hilfe suchende Sohn

Fragenkomplex: Sind im Gespräch irgendwo Spuren einer beginnenden Sinneswandlung der Frau auffindbar? Wie stellt sich der Mann dazu?

S. 37 F: „Das Kind." – M: „Ein Kind war Hellmuth nicht mehr." M: „Er hatte kein Herz." – F: „Vielleicht doch."

S. 38 M: „Das ist es, warum man keine Kinder annehmen soll. Man weiß nicht, was in ihnen steckt." – F: „Man weiß von keinem Menschen, was in ihm steckt."

S. 39 Als die Pappe nicht wieder angenagelt wird, heißt es von dem Mann: „. . . sah plötzlich ganz zufrieden aus."

In welchen Verhaltensweisen konkretisiert sich die Sinneswandlung? Welche Überlegungen haben den Ausschlag zur Öffnung gegeben?

die Frau
der Mann

Einsicht in Schuld

← der möglicherweise Hilfe suchende Sohn

Verantwortung

Eine abschließende Betrachtung sollte sich um die Deutung der im Halbschlaf gedachten Gedanken des Mannes bemühen. Sie enthalten, in Traumschnelle zusammengerafft, die ganze Beschreibung der Beziehung der Eltern zu ihrem Kind:

das erwünschte Kind
↓
das ausgestoßene Kind
↓
die Erkenntnis von Schuld und Verantwortung:
Lieblosigkeit macht aus einem Menschen ein wildes Tier
↓
die Bereitschaft zur Sühne

Der offene Schluß läßt einen Schimmer von Hoffnung!

Günther Lange

Reinhard Lettau Mißglückte Landnahme

Die inhaltliche Zusammenfassung der vorliegenden Erzählung zeigt einen kurzen Sinnzusammenhang mit einfacher Gedankenführung.
Ein Wissenschaftler erhält einen Ruf von einer Universität aus den Vereinigten Staaten. Seine vielen Verwandten – Handwerker und Menschen aus dem ländlichen Bereich – schließen sich ihm an und regeln alle Obliegenheiten des „künftigen" Hochschullehrers. Sie stellen unerfüllbare Ansprüche an den neuen Arbeitgeber, was zur Folge hat, daß der Ruf abgelehnt wird. Daraufhin zieht sich die ganze Verwandtschaft zurück.
Der herauskristallisierte Inhalt gibt nur wenig für eine interpretierende Betrachtung her. Erst die Untersuchung der inhaltlichen und sprachlichen Konzeption des literarischen Ganzen macht ein Verständnis für die Aussage möglich.
Die inhaltlichen Überzeichnungen liegen klar auf der Hand und lassen sich schnell mit einer Lerngruppe aufarbeiten. Das beginnt mit dem Thema der Habilitation, steigert sich mit der Beschreibung der ausgedehnten Familie des Nehrkorn und mit der klischeehaft überzeichneten Lebensuntüchtigkeit des Geistesmenschen und endet mit den witzig-ironisch übersteigerten Forderungen an den neuen Arbeitgeber.
Die sprachliche Konzeption weist extrem viel Elemente eines elaborierten Codes (Hochsprache) auf, die bis zur poetisch antiquierten Ausdrucksweise führt. Häufig wird ein komplizierter hypotaktischer Satzbau verwendet.
Diese so übersteigerte Ästhetisierung der Sprache steht im grotesk wirkenden Gegensatz zu den einfachen Aussagen. Besonders ironisch wirkt diese Sprache, wenn sie der unkomplizierten Landbevölkerung zugeordnet wird. (Beispiel: „Soeben sei Saatzeit, riefen sie, und wenn man recht pflanze, so könne man noch in den Genuß der Ernte gelangen, ehe der Professor heimatliche Erde verlasse." S. 43, Z. 30 ff.)

Hier fällt erstens die hochgestochene Wortwahl auf, zweitens die steif wirkende indirekte Rede mit den hochsprachlichen Konjunktivformen der Verben und drittens der komplizierte Satzbau. Dazu lassen sich an anderen Stellen hohle fachspezifische Fremdwörter nachweisen.
Diesem bewußt gespreizt angelegten Sprachstil stehen nur verschwindend wenige Beispiele aus einer Umgangssprache gegenüber („harte Würste", „blöde Kinder" und „Umsteigebahnhöfe" S. 42, Z. 23 f.), die fast wie aus Versehen eingeblendet werden, für die Bestimmung des in dieser Erzählung dominierenden Sprachduktus spielen sie keine Rolle.
Eine moderne literarische Groteske vermittelt Erkenntnisse über die wahre menschliche Natur und beinhaltet Kritik an sozialen Verhältnissen. Dabei werden diese Erkenntnisse aus literarischen Zerrbildern entnommen, die erst reflektiert einen Sinn ergeben.
Die zentrale Aussage der vorliegenden Geschichte richtet sich in diesem Sinne gegen gesellschaftliche Strukturen sowohl traditioneller Prägung (Schichtenmodell) als auch gegen ein hier simplifiziert überzeichnetes Gemeinschaftsmodell (S. 44, Z. 10 ff.). Die ironische Verwendung der Sprache unterstützt diese Intention. Eine konstruktive Variante für gesellschaftliches Zusammenleben wird nicht angeboten, insofern gibt es keinen konkreten Interpretationsansatz.
Die Erzählung als lustigen, vordergründigen Ulk zu verstehen, wird der Anlage nicht gerecht. Es bleibt für den Leser die Erkenntnis, daß hier ein unaufgelöstes Unbehagen in gefälliger literarischer Form dargestellt wird.
Es ist nicht einfach, solche Gedankengänge mit einer durchschnittlichen Lerngruppe zu entschlüsseln. Mit geübten Schülern ergibt sich ein Ansatz zur literaturkritischen Betrachtung oder noch besser ein Anreiz, den Zusammenhang zu studieren, in dem diese Erzählung erschienen ist, damit sich weiterführende Perspektiven eröffnen können.

Michael de Witt

Wolfdietrich Schnurre Die Prinzessin

Schnurre erzählt hier die Geschichte eines unglücklichen, häßlichen Geschöpfs, das in der Begegnung mit einem verständnisvollen Menschen zur Wirklichkeit findet und sich selbst bejaht. Schon in der wirklichkeitsgetreuen Schilderung der Hyäne wird klar, daß ihre abstoßende Häßlichkeit auf menschliche Verhältnisse zielt. Der Betrachter vor dem Käfig faßt seinen Eindruck in dem Werturteil „die Ärmste" zusammen und zeigt damit seine Teilnahme. Er geht auf ihre Wahnvorstellung, daß sie eine verzauberte Prinzessin sei, ein und hilft ihr. Er lädt sie ein, bewirtet sie und führt sie freundlich zu dem Eingeständnis ihrer Lüge. Sie befreit sich dadurch aus dem Gefängnis ihres Wahns.
Für die Darstellung benutzt Schnurre einen Ich-Erzähler, der in der Eingangsszene eine Hyäne in ihrem Käfig beobachtet. Die Gespräche am Käfig und im Zimmer des Erzählers verlaufen im Rahmen der literarischen Form der Fabel und des Märchens. Allerdings endet die Geschichte als moderne Kurzgeschichte ganz anders als ein Märchen. Unbedenklich auch läßt Schnurre die Hyäne sich wie ein Tier und wie ein Mensch verhalten: sie trottet auf und ab – sie setzt sich geziert; sie rülpst – sie schluchzt.
Eine genauere Betrachtung der Eingangsszene zeigt wichtige Elemente der Erzählweise und Sprache dieser Kurzgeschichte auf. Der Zoobesucher bleibt bei seinem

Rundgang vor einem Käfig stehen. Schnurre setzt nur die Worte „Ein Käfig" hin. Sein Blick wird durch eine stetige Bewegung festgehalten. Zunächst erkennt er nicht das Tier: „auf, ab, trottet es drin, auf, ab"; „es" ist eine schwerfällige, nicht abreißende, hin- und hergehende Bewegung. Dazu gesellen sich Gestalt- und Farbeindrücke: „zerfranst, gestreift". Nun schießen die Einzelwahrnehmungen zu einem Gesamteindruck zusammen: „die Hyäne". Dann kommt der Beobachter wieder zu einzelnen Feststellungen: dem Gestank, der im Pestatem und zum Schluß im Aasgeruch erscheint; die Triefaugen und deren grindlige Blicke erwecken das Mitleid des Beobachters. Was ihn zunächst entsetzt und abstößt, treibt ihn aber nicht fort. Er bleibt, überprüft seine Empfindungen und erkennt in dem abstoßenden Wesen das leidende Geschöpf: „die Ärmste"; „ich wußte es längst".

Didaktische Überlegungen

Die Geschichte ist eine merkwürdige Mischung von Fantasiewelt und Wirklichkeit sowie alter und neuer literarischer Formen. Schüler werden verschieden reagieren. Sie können die Geschichte als ein mißglücktes Märchen auffassen, da ja der armen Hyäne nicht geholfen wird, oder als Fabel, in der die Hyäne als Lügnerin entlarvt wird. Vielleicht könnten sie sogar eine triumphierende Hyäne sehen, die sich die Freundschaft des Zoobesuchers ergaunert und sich zum Schluß über den lahmen Rückzug ihres Gastgebers amüsiert.
Ziel eines Gesprächs über solche und andere Deutungen ist die Erörterung der Geschichte als einer Märchenfabel mit Kurzgeschichtencharakter, in der der Gastgeber der hilfreiche Mensch ist, der die Last des Lebens- und Wirklichkeitsdrucks tragen hilft. Nicht ein Wunder macht aus der häßlichen Hyäne eine strahlende Prinzessin, sondern ein gebrechlicher Mensch hilft einem anderen gebrechlichen Menschen. Diese Haltung der Geschichte kann man als realen Humanismus bezeichnen. Damit hat die Geschichte – auch nach dem Selbstverständnis Schnurres – Aufforderungscharakter, der als solcher erkannt werden muß.

Methodische Vorschläge

Die Schüler werden nur langsam den Sinn und Aufforderungscharakter der Geschichte erkennen. Man lasse sie die Geschichte zweimal still lesen und sich dann aussprechen. Die Frage, wodurch sich die Geschichte von einem Märchen unterscheidet, kann zum vertieften Verständnis führen. Die genaue Analyse der Eingangsszene ist dann möglich. Sie führt auch zu den Fragen des Aufbaus und der Sprache.
Man sollte die Schüler oft zur Bereicherung ihres Ausdrucksvermögens zum bewußten Verständnis einzelner Wörter in dem spezifischen Zusammenhang eines Textes führen. In dieser Geschichte bieten sich dafür die Wörter grindlige Blicke, es trottet, Pestatem und Cornedbeef an.
Grindlig wird von den Wörterbüchern nicht verzeichnet. Die sprachübliche Bildung des Adjektivs ist grindig. Es muß offenbleiben, ob Schnurre die Bildung grindlig erfunden hat, um den Blick aus schorfumrandeten Augen zu kennzeichnen.

Heinrich Vogeley

Martin Walser Der Wurm

I. Didaktische Überlegungen zum Text

Martin Walsers sprachlich und inhaltlich dichte Kurzgeschichte „Der Wurm“ ist in mehrfacher Hinsicht fruchtbar für die Unterrichtsarbeit. Folgende Aspekte seien herausgestellt:

1. In der Kurzgeschichte geht es um *Entwicklungsprobleme eines Heranwachsenden,* womit ein unmittelbares Identifikationsangebot für die Schüler gegeben ist. Im Zentrum steht die aufkeimende erotische Beziehung eines 13jährigen zum anderen Geschlecht, verbunden mit dem Ablösungsprozeß von der Familie. Die noch schwärmerisch wirklichkeitsfremde Einstellung des Jungen zum angebeteten Mädchen führt zur Enttäuschung, die freilich ein Nachdenken in Gang setzt: die Geschichte endet mit den Worten „. . . begann er zu überlegen“. Dem Jungen ist damit die Chance gegeben, durch eine Bewußtseinsentwicklung in den mitmenschlichen Beziehungen in Zukunft sicherer werden zu können. Insofern kann die Geschichte als Darstellung eines Reifungsprozesses gelesen werden.
2. Die problematischen Beziehungen, die in der Geschichte zur Darstellung kommen, manifestieren sich vorwiegend in *gestörten Kommunikationsstrukturen.* Aufschlußreich ist es, die Aufmerksamkeit auf folgende Aspekte zu richten: David beteiligt sich nicht am Gespräch während des Essens; die Uneinigkeit zwischen Vater und Mutter über die Aufnahme von Fremden wird nicht argumentativ ausgetragen, vielmehr wird die aufkommende Auseinandersetzung von seiten des Vaters durch Abwertung der Mutter („davon verstehe sie nichts“) und durch das Gebet abgewürgt; die scheinhafte Beziehung Davids zu Mafalda ist auf kein einziges gegenseitig ausgetauschtes Wort gegründet; eine Anrede richtet David nur an Valentin, aber dieser ist schon tot, und David kann nur in Gedanken mit ihm reden (z. B. „Valentin, du hättest es ihr gezeigt, . . .“); am Schluß der Geschichte flüchtet sich David in den körperlichen Kontakt zu den sprachlosen Tieren. – Eine Untersuchung dieser Merkmale des Kommunikationsverhaltens erschließt nicht nur die Problemzusammenhänge der vorliegenden Kurzgeschichte, sondern fördert grundsätzlich die Fähigkeit der Schüler zur Analyse von Kommunikation. Damit ist – lehrplanmäßig gesehen – nicht nur der Umgang mit Texten, sondern auch die Sprachreflexion als didaktischer Zielbereich angesprochen.
3. In seiner Struktur weist der Text die *Kennzeichen der Kurzgeschichte* auf und ist gerade durch sie didaktisch besonders fruchtbar. Gezeigt ist ein wesentlicher Ausschnitt aus dem Leben eines Menschen, eine Krisensituation, die den Leser zu einer Reflexion aufruft, die über das im Text Mitgeteilte hinauszielt. Geschrieben ist die Geschichte auf den Schluß hin, der einen Umschlag bringt, ohne daß dessen Folgen noch ausgeführt würden: So entsteht der unmittelbare Anstoß für den Leser, weiterzudenken. Die Konzentration des Textes auf eine entscheidende Begebenheit erlaubt es im Unterricht, am faßbaren und überschaubaren exemplarischen Fall Grundsätzliches zu erörtern. Der ebenfalls für die Kurzgeschichte typische unvermittelte Beginn, der ohne Vorbereitung mitten in eine Situation hineinführt, zielt seinerseits darauf ab, den Leser durch die Konfrontation mit dem Unvertrauten zur aktiven Auseinandersetzung mit dem Text aufzurufen.
4. Besonders ausgeprägt sind im Text auch weitere *erzähltechnische Mittel*, die vom Autor überaus gekonnt gehandhabt werden. Zu nennen sind etwa die Verfahren, mit denen die Wunschwelt der Hauptfigur mit der tatsächlich erfahrenen Realität konfrontiert wird: Einmontierung der Gedanken Davids in die Schilderung des Frühstücksgesprächs, erlebte Rede, Oppositionen durch „wenn“/„aber“-Kon-

struktionen und Wechsel von Indikativ und Konjunktiv. Aufmerksamkeit verdienen ferner die symbolischen Bedeutungen, die sich durch implizite Verweisstrukturen ergeben: so schon der erste Satz „David verfehlte an diesem Morgen den Takt der Löffel“, der durch den Erzählverlauf rückblickend als Ausdruck dafür verstanden werden kann, daß David aus der Gemeinschaft und der Ordnung der Familie herausfällt, seine eigenen Wege geht und dabei scheitert. – Die Lektüre des Textes kann angesichts solcher Charakteristika die Schüler in exemplarischer Weise mit wichtigen erzählerischen Sprachverwendungsweisen vertraut machen und damit ihre literarische Verstehenskompetenz fördern.

5. Als allgemeinster Nenner für die in der Geschichte zum Ausdruck gebrachten Problemdimensionen kann die Schwierigkeit von *Ichfindung und Fremdverstehen* gelten. David projiziert in narzißtischer Weise seine eigene Wunschwelt in die einseitig bleibende Liebesbeziehung zu Mafalda hinein und macht das fremde Mädchen so zur Inkarnation seiner subjektiv geprägten Vorstellungen. Er hofft und glaubt schon fast, ihr Interesse gewonnen zu haben („Sicher interessierte sich Mafalda fürs Fischen, sie beobachtete ihn wahrscheinlich jetzt schon, sie kannte ihn doch, sie hatte ihn angeschaut“), und muß sich entwertet vorkommen, als ihm klar wird, daß er keine Rolle für Mafalda spielt und sie nicht seinem Wunschbild entspricht. So zeigt die Erzählung, wie eine unzureichende, durch subjektive Projektion verzerrte Fremdwahrnehmung die Bewahrung einer selbstgewissen Ichidentität erschüttert – oder (da es sich um einen wechselseitigen Zusammenhang handelt) umgekehrt formuliert: wie eine narzißtisch-unausgeglichene Identität ein adäquates Fremdverstehen unmöglich macht. Auch daß es zur Identitätsgewinnung und zum Gelingen des zwischenmenschlichen Umgangs notwendig ist, daß man sich dem anderen gegenüber selbst darstellen kann, vermag die Geschichte zu zeigen: Dem Jungen geht durch den Rückzug in die persönliche Wunschwelt, der sich schon in seinem Verhalten am Frühstückstisch zeigt, diese Fähigkeit ab. Er glaubt sich dem Mädchen durch die „Ministrantenkluft“ und durch das Fischen (vor allem das Aufspießen des Wurmes) als Individuum wahrnehmbar machen zu können – nicht begreifend, daß er damit sich selbst hinter Äußerlichkeiten verbirgt und dabei erst noch am Interesse Mafaldas vorbeizielt.

II. Unterrichtsmethodische Möglichkeiten

Für die Unterrichtsarbeit bietet Walsers Kurzgeschichte vielfältige Möglichkeiten; im folgenden wird mehr aufgeführt, als was sinnvoller Weise in einer Klasse durchgeführt werden kann und für die Erschließung notwendig ist, zumal sich die verschiedenen methodischen Ansätze in ihren Ergebnissen durchaus überschneiden. Vorschläge 2–8 können auch als Arbeitsaufträge an verschiedene Gruppen verteilt werden.

1. *Eine Zusammenfassung des Inhalts* dürfte zu Beginn der Behandlung angebracht sein, da der Text nicht unbedingt auf Anhieb verstanden wird. Bei der Zusammenfassung wird man bereits auf die besondere Erzählstruktur stoßen, die in der Inhaltsangabe nicht beibehalten werden kann; dadurch dürfte dieser traditionelle und oft allzu abgenutzte Einstieg in die Textbehandlung hier besonders interessant werden. Die Hürden ergeben sich durch die Erzählerposition, die nicht auf Distanz gründet, sondern durch die personale Erzählform die Erlebnisperspektive der Hauptfigur mit deren Gedanken und affektiven Regungen vermittelt, wie insbesondere die Übergänge in erlebte Rede dokumentieren. Ein Eingehen auf die Schwierigkeiten, die sich bei der Inhaltszusammenfassung ergeben, kann deshalb unmittelbar zu Beobachtungen über die Erzählperspektive führen. Sinnvoll ist es unter Umständen, erzähltes äußeres Geschehen und Vorstellungswelt der Haupt-

figur systematisch auseinanderzuhalten und so auf die entsprechende inhaltliche und textstrukturelle Problematik aufmerksam zu machen. Vor allem der schwierige Anfang des Textes kann dadurch faßbarer werden.

2. Zur vertiefenden Auseinandersetzung mit der inhaltlichen Problematik setzt man am besten mit dem *Schluß* der Geschichte ein. Der Schlußsatz „. . . begann er zu überlegen" fordert heraus, daß man sich darüber unterhält, was David überlegt haben könnte. Man wird sich ausmalen, wie David sich das ihm widersprüchlich erscheinende Verhalten Mafaldas zurechtzulegen sucht: Vor dem aufgespießten Wurm hatte sie sich geekelt, die Wasserleiche aber fasziniert angesehen. David muß das Bild, das er sich von Mafalda gemacht hat, und seine Erwartungen an eine erhoffte Beziehung korrigieren. Ausgehend von solchen Erörterungen kann im Unterricht Davids Verhältnis zu Mafalda grundsätzlicher geklärt werden, wobei Fragestellungen fruchtbar sein können wie: Warum scheitert die Kontaktaufnahme mit Mafalda? Was erwartet David von Mafalda? Wie verhält sich Mafalda, warum verhält sie sich so? Kann David sich in Mafalda hineinversetzen? Das Ende der Geschichte legt auch die nicht eindeutig zu klärende Frage nahe, ob David etwas gelernt hat und ihm in Zukunft menschliche Beziehungen besser gelingen können oder ob seine Hinwendung zu den Tieren eine Flucht, ein Sich-Verschließen gegenüber Menschen bedeutet.

3. Einen weiteren Ansatz zur inhaltlichen Erschließung bietet die Interpretation *symbolischer Bezüge* im Text. Dazu eignet sich zunächst der Titel: Warum nennt Walser seine Geschichte „Der Wurm"? Dieses Motiv, das zunächst nebensächlich erscheinen könnte, erweist sich als zentral für die Beziehung David/Mafalda; über den Wurm spielt sich das Mißlingen der Kommunikation ab: David meint, mit ihm das Interesse Mafaldas auf sich lenken zu können – er spießt sogar extra einen neuen Wurm an die Angelhaken. Mafalda aber wendet sich mit zugekniffenen Augen ab.

   David, verunsichert, enttäuscht, löst den Wurm von den Haken und wirft ihn und den Inhalt der ganzen Wurmbüchse ins Wasser. Am aufgespießten Wurm zeigt sich so, von welch unterschiedlichem Weltverstehen David und Mafalda geprägt sind. Daß darüber hinaus der „immer härter werdende" (oder weiter im Text: der „hart werdende") Wurm zugleich als Sexualsymbol (und Mafaldas Ekel damit als Sexualangst) verstanden werden kann, dürfte in den meisten Klassen die für die Mittelstufe sinnvollen Grenzen der Symbolentschlüsselung allerdings überschreiten.

   Zu zentralen Aspekten führt auch eine Interpretation des Anfangssatzes der Geschichte „David verfehlte an diesem Morgen den Takt der Löffel."; dazu siehe oben Punkt 4 der „Didaktischen Überlegungen zum Text". Die Schilderung des Essens kann auch als ganze auf ihren symbolischen Gehalt befragt werden: Die Mahlzeit erscheint als „Kerker", der nur durch die väterliche Autorität, durch das Schlußgebet aufgeschlossen werden kann. Und wie David aus dem Takt fällt, so stiehlt er sich nach dem Essen weg, zunächst noch den Eingegliederten spielend („ahmte . . . nach"). Der Konflikt spielt sich verdeckt unter der Oberfläche ab, so wortlos wie die mißlingende Beziehung zu Mafalda. Und schon beim Frühstück befürchtet David, mißverstanden zu werden („Er hatte ja auch keinem was wegessen wollen."), so wie das ganze weitere Geschehen auf Mißverstehen gründet.

   Als ein Nebenmotiv könnte auch die Nennung des „Regens" untersucht werden: An ihm scheiden sich die Interessenlagen der Betroffenen; während die eingesessenen Bauern (und damit auch Davids Vater) den Regen nach der langen Trockenzeit erwünschen, ist er all denen unerwünscht, die aus welchen Gründen auch immer (Vermietung von Fremdenzimmern, von Booten, Hoffnung auf Bekanntschaften) an den Fremden interessiert sind. An der Einstellung zum Regen wird die ganze Bewußtseinsänderung bei aufkommendem Fremdenverkehr in bäuerlicher Umgebung deutlich.

4. Ein weiterer interpretatorischer Ansatz kann durch die *Analyse der zwischenmenschlichen Beziehungen* und der Kommunikationsstrukturen in der Geschichte gewonnen werden. Sofern nicht schon besprochen, wären die patriarchalischen Familienverhältnisse (u. U. aufgeteilt in die jeweiligen Beziehungen Vater–Mutter, David–Vater, David–Ulrich) und Davids Beziehung zu Mafalda zu erörtern. Wichtig ist dann das Verhältnis zu Valentin, der zur ambivalenten Projektionsfigur für die erotischen Wünsche wird: Valentin ist mit Mädchen auf den See hinausgefahren, er wird zum Dialogpartner in Davids Überlegungen, denn Valentin weiß, wie man mit Mädchen umgeht. Aber zugleich setzt David das Vorbild Valentins herab. Mafalda wäre mit „diesem fetten Malergesellen" nicht in ein Boot gestiegen. Will man noch stärker die Kommunikationsstruktur in den Vordergrund stellen, kann man auch direkt danach fragen, zu welchen Personen David welche kommunikativen Beziehungen überhaupt aufnimmt bzw. inwiefern und warum er Kommunikation verweigert. In diesem Zusammenhang könnten einzelne Passagen einer genaueren Analyse unterzogen werden, z. B. das Tischgespräch mit den einmontierten Gedanken Davids. Die Schüler sehen sich dabei veranlaßt, ihre Aufmerksamkeit auch auf das zwischen den Zeilen Gesagte zu lenken.

5. Als weiterer Zugang zur Geschichte können die *Vorstellungswelt Davids* und die Aussagen über seine *tatsächliche Umwelt* inhaltlich und bezogen auf die sprachlichen Ausdrucksmittel einander gegenübergestellt werden (das läßt sich sogar in Tabellenform machen).
   Als Ausdrucksmittel für die Vorstellungswelt Davids sind z. B. die erlebte Rede, die relativierenden Adverbien „wahrscheinlich", „vielleicht", „hoffentlich", die ihrerseits zum Teil wieder durch ein „aber" relativiert werden, die Fragesätze, die Wenn-Sätze, der Konjunktiv herauszustellen. Inhaltlich gesehen erweist sich die Dominanz des Wunschdenkens als ein wesentlicher Grund für das Scheitern der Kontaktaufnahme mit Mafalda. In diesem Zusammenhang kann auch erörtert werden, inwiefern Mafalda von David kaum als individuelle Person, sondern typisiert als eine Fremde wahrgenommen wird (vgl. z. B. „was hat sie bloß gegen das Fischen, die Fremden interessieren sich doch für jeden Dreck . . .").

6. Ein methodisch völlig anderer Ansatz wird verwirklicht, wenn man das Geschehen am Bodensee *aus der Perspektive Mafaldas* (am besten schriftlich) *erzählen* läßt. Ein solches Umschreiben erfordert die Fähigkeit, von den wenigen Angaben im Text auf Mafaldas Einstellung zu schließen. David dürfte in ihrer Sicht höchstens eine ganz nebensächliche Rolle spielen, im Vordergrund aber die Bergung der Wasserleichen stehen.

7. Die bloße Interpretation und Analyse des Textes wird auch verlassen, wenn man *Überlegungen* darüber anstellt, *wie eine erneute Annäherung Davids an ein Mädchen aussehen könnte.* Dabei müßte etwa erörtert werden: Was könnte David aus dem Erlebnis mit Mafalda gelernt haben; welche Fehler könnte er in Zukunft vermeiden; worauf müßte er achten, wenn er wieder einmal jemanden kennenlernen möchte? Die Diskussion dieser Zukunftsperspektiven für David eignet sich auch gut für den Abschluß der Unterrichtsarbeit mit dem Text.

8. Man könnte aber auch noch die Kurzgeschichte *mit anderen Texten vergleichen,* wofür sich von den im gleichen Leseheft abgedruckten Erzählungen besonders „Auf dem Rummelplatz" von H. Bender anbietet: auch da geht es um erste Kontakte mit dem anderen Geschlecht, um das beginnende Erwachsenwerden. Die Frage, inwiefern und warum in den beiden Geschichten jeweils die Kontaktaufnahme zu dem (den) Mädchen gelingt bzw. mißlingt, könnte ein fruchtbarer Ansatz für den Vergleich sein.

Kaspar H. Spinner

Theodor Weißenborn Der Hund im Thyssenkanal

1. Textanalyse

1.1. Die Geschichte wird mit einer breit angelegten Beschreibung (1. Absatz) eingeleitet. Der kurze Zweiwortsatz („Es regnete") wird als ein Stimmungsbild ausgemalt. Dabei benutzt der Autor ungewöhnliche Ausdrücke („in strähnendem Grau", „. . .trieb das schmutzige Naß rillend und quirlend vor sich her . . ."), die die Trostlosigkeit eines solchen Regentages plastisch hervorheben. Erst im 2. Absatz wird von dem Hund gesprochen, der im Blick auf die Überschrift für die Handlung wesentlich sein wird. Der Leser entdeckt aber auch hier sprachliche Auffälligkeiten wie „Er . . . stempelte den Boden mit seinen nassen Pfoten" und die Wiederholung des Verbs „kauern", sowie dessen Ersatz durch „hocken".

1.2. Nach diesen beiden Absätzen wird die Frage nach der Herkunft des Hundes durch eine Rückblende beantwortet. Dabei wird unmerklich ein Perspektivenwechsel vorgenommen, denn die Ausstellungsstadt wird aus der Sicht des Hundes dargestellt. Autos sind für den Hund „stählerne Tiere" und Lautsprecher „hängende Blechkästen", aus denen „unaufhörlich gellender Lärm" ertönt. Der Besitzer des Hundes wird „mit dem breiten, silberstarrenden Maul eines der langgestreckten stählernen Tiere . . . angefallen" und „verschlungen". Diese Rückblende schließt, indem eine Wendung aus dem 2. Absatz wieder aufgegriffen wird: „Er kauerte nun verwahrlost und halbverhungert in der Unterführung, winselte und sah auf die Schuhe der Vorübergehenden."

1.3. Der Fortgang der Handlung wird auktorial erzählt. Der Hund, herrenlos geworden, findet keinen Schutz mehr, so daß er schließlich jämmerlich ertrinkt: „Mit toten, starr geöffneten Augen hing er in dem Binsengebüsch, und die Wellen wiegten ihn hin und her . . ."

1.4. Die Leiden und der Tod des Hundes werden vom Autor auch dadurch hervorgehoben, daß die in der Geschichte vorkommenden Menschen nur schemenhaft, fast als Schatten erscheinen. Zumindest werden sie nicht charakterisiert.
Der Besitzer des Hundes ist „der Mensch, der es gut mit ihm meinte", von den Schulkindern heißt es, daß „viele kleine Menschen mit Mappen auf dem Rücken kamen", und am Thyssenkanal steht „ein Mann mit einer flachen Mütze und einem blauen Arbeitsanzug". Schließlich spielen der Kahnwächter und sein Kind noch eine Rolle.
Offensichtlich soll durch solche sprachlichen Mittel die Unbarmherzigkeit der Menschen einer leidenden Kreatur gegenüber besonders plastisch hervorgehoben werden.

2. Didaktische Analyse

2.1. Es wäre sicher ganz falsch, diese Geschichte im Unterricht moralisch auszudeuten oder gar eine handfeste Moral daraus abzuleiten.
Vielmehr wird das Geschehen die Schüler dann betroffen machen, wenn ein Gespräch auf das Verhalten der handelnden Personen eingeht. Positive und noch mehr negative Einstellungen und Handlungen stehen nebeneinander.
Vermutungen über „den Mann auf der Brücke", seine Herkunft, seinen Beruf und auch über den „Mensch(en), der es gut mit ihm (dem Hund) meinte" werden

sicher das Einfühlungsvermögen in menschliche Verhaltensweisen bei den Schülern fördern.
Daß die „Kinder" den Hund manchmal „streichelten" und „fütterten", später aber „aus neugierigen, erwartungsvoll lauernden Augen" beobachteten und dann plötzlich Steine „zusammenrafften", kann doch begründet werden.

2.2. Der Text gibt die Möglichkeit, auf literarische und sprachliche Formen einzugehen:

Rückblende,
Perspektivenwechsel,
wiederkehrende Wendungen,
außergewöhnliche Wortbildungen.

Hinweis und Benennung genügen nicht, sondern vor allem muß auf die Funktion eingegangen werden.

3. Lernziele

Die Lernziele sollten sich einerseits auf das dargestellte menschliche Verhalten und andererseits auf den Sprachbereich beziehen:

3.1. Die Schüler sollen lernen, das unterschiedliche Verhalten der handelnden Personen zu beschreiben und Begründungen aus dem Text abzuleiten.

3.2. Die Schüler sollen lernen, sprachliche Besonderheiten des Textes selbständig zu erkennen und einige der gefundenen Begriffe in anderen Zusammenhängen anzuwenden.

4. Methodische Hinweise

Es bietet sich bei diesem Text an, das antizipierende Verfahren anzuwenden:

4.1. Der Text wird vom Lehrer bis S. 55, 3. Absatz vorgelesen: „Gegen Mittag ließ der Regen nach, und er trottete hinaus ins Freie."
Die Klasse wird sich zunächst – vom Lehrer nicht gelenkt – zu dem Inhalt äußern, wobei Antworten und Meinungen stichwortartig an der Tafel festgehalten werden. Möglicherweise sind einige Schüleräußerungen bereits als Lernziele aufzunehmen.

4.2. In einer Vermutungsphase suchen die Schüler nach Möglichkeiten, wie die Geschichte ausgehen könnte. Dabei müßte der Lehrer auf den Titel der Geschichte hinweisen.
Diese Vermutungen werden ebenfalls in Stichworten an die Tafel geschrieben.

4.3. Darbietung des Textes bis zum Schluß und Vergleich der Vermutungen mit dem Fortgang des Geschehens, wie ihn der Autor gesehen hat.
In einem gelenkten Unterrichtsgespräch wird es sicher möglich sein, die angegebenen Lernziele oder auch andere, die aus den Schüleräußerungen zu entnehmen sind, zu erreichen.
Jegliches Moralisieren (schützt die Tiere!) wäre fehl am Platze, da die Ereignisse um den Hund – auch unausgesprochen – Verantwortung wecken.

Karl-Heinz Kreter

Siegfried Lenz Der Leseteufel

1. Hinweisende Bemerkungen

Im Anhang zu den Masurischen Geschichten „So zärtlich war Suleyken“ hat Siegfried Lenz eine „Diskrete Auskunft über Masuren“ angefügt, die zum Verständnis des Erzählten beiträgt.
Zunächst wird das Zuhause der Masuren angegeben:
„Im Süden Ostpreußens, zwischen Torfmooren und sandiger Öde, zwischen verborgenen Seen und Kiefernwäldern waren wir Masuren zu Hause – eine Mischung aus preußischen Elementen und polnischen, aus brandenburgischen, salzburgischen und russischen.“
Siegfried Lenz weist auch darauf hin, daß seine Heimat „keine berühmten Physiker hervorgebracht, keine Rollschuhmeister oder Präsidenten, was hier vielmehr gefunden wurde, war das unscheinbare Gold der menschlichen Gesellschaft: Holzarbeiter und Bauern, Fischer, Deputatarbeiter, kleine Handwerker und Besenbinder“.
Es kommen in den Geschichten Menschen zu Wort, die etwas „durchaus Originales (besaßen) – ein Psychiater nannte es einmal die ‚unterschwellige Intelligenz‘. Das heißt: Eine Intelligenz, die Außenstehenden rätselhaft erscheint, die auf erhabene Weise unbegreiflich ist und sich jeder Beurteilung nach landläufigen Maßstäben versagt.“ Siegfried Lenz bezeichnet seine Geschichten als „kleine Erkundungen der masurischen Seele“ und als „zwinkernde Liebeserklärungen an mein Land, eine aufgeräumte Huldigung an die Leute von Masuren“.
Schließlich gibt der Schriftsteller zu, daß „in diesen Geschichten ein wenig übertrieben“ wird. Diese Übertreibungen sollen „das besonders Eigenartige ... und das besonders Charakteristische zum Vorschein“ bringen. Lenz sagt schließlich: „Aber das ist, alles in allem, auch von geringer Bedeutung, wenn wir uns nur einig wissen in unserer grübelnden Zärtlichkeit zu Suleyken.“[1]

2. Thema des Textes

Der Inhalt des Textes ist ohne Schwierigkeiten schon beim ersten Lesen oder Hören aufzunehmen und zu verstehen. Die Zahl der handelnden Personen ist klein: Hamilkar Schaß – der Großvater des Erzählers –, Adolf Abromeit und auf der anderen Seite der General Zoch Wawrila.
Einerseits wird die Handlung bestimmt durch die Lesewut des Hamilkar Schaß und andererseits durch den Überfall des Generals Wawrila auf Suleyken.
Daß ein General von Entsetzen gepackt wird, als er den lesenden Hamilkar weder durch drohende Worte noch durch Schläge vom Weiterlesen abbringen kann, ist schon etwas Einmaliges und entlockt dem Leser ein stilles Schmunzeln.

3. Intention des Textes

3.1. Dieses Schmunzeln liegt in der Absicht des Autors. Er erzählt! Langsam und an einigen Stellen retardierend führt er dem Leser die schrulligen Käuze vor, die sich in einer „Sache“ bewähren müssen. Die „Sache“ ist der Überfall eines

[1] Zitiert aus dem Nachwort des Erzählbandes „So zärtlich war Suleyken“ unter der Überschrift „Diskrete Auskunft über Masuren“

Generals auf das friedliche Suleyken. Siegfried Lenz hat sicher nicht gemeint, daß der Leser nach mehr oder weniger versteckten Lebensweisheiten suchen soll oder gar die Absicht verspürt, diese Geschichte als Beispiel für ostpreußische Wesensart heranzuziehen. Nein, es geht allein um den Lesespaß.
Mit welchen Mitteln wird dieser erreicht? Darauf wäre zu achten.

3.2. Auffallend ist, daß die Erzählung in Form einer Rückblende dargeboten wird. Dadurch wird die Erwartenshaltung des Lesers provoziert, die Spannung wächst.

3.3. Der Erzählfluß wird durch Einschübe, die den Leser einbeziehen, aufrechterhalten, z. B. „sagen wir mal", „die Geschichte kennt ja dergleichen", beide Redewendungen werden wiederholt, oder „wie man sich denken wird", „wen wird es wundern", „wie jeder Kundige verstehen wird". Mit diesem stilistischen Mittel wird die Distanz zwischen Text und Rezipienten abgebaut.

3.4. Niemand wird die skurrilen, ironisierenden, aber auch „zärtlichen" Wendungen übersehen, die das Geschehen aus dem Alltag heben und die für die ostpreußische Mundart charakteristisch sind. Hinzuweisen ist in diesem Zusammenhang auf Ausdrücke wie „Dreibastigkeiten", „Zantangä Zitai", „zerspliesert"; die häufig verwendeten Verkleinerungssilben in ungewöhnlichen Wortverbindungen wie „Dingchen", „Herrchen", und auch die Einschübe „hol's der Teufel", „das wird alles geregelt" bewirken im Leser das Gefühl für Ruhe und Stetigkeit im Ablauf des Geschehens und zeigen die Grundhaltung der Personen und des Vorgangs.

3.5. Alle aufgewiesenen stilistischen Mittel zielen auf die Konturierung der Hauptpersonen. Daß sich ein einundsiebzigjähriger Großvater selbst das Lesen beigebracht hat und von der „tiefen Leidenschaft des Lesens" erfaßt wird, ist schon ungewöhnlich, ungewöhnlicher ist dann aber auch sein Lesestoff: „ein altes Exemplar des Masuren-Kalenders mit vielen Rezepten zum Weihnachtsfest" und das „Notizbuch eines Viehhändlers", jedoch am ungewöhnlichsten ist die Tatsache, daß alle Beschimpfungen eines sengenden und plündernden Generals („Frosch", „Eidechse", „Dotterblume") ihn nicht davon abbringen können, in Ruhe weiterzulesen, obwohl gefährliche Drohungen („aufblasen", „halbieren", „wegpusten") ausgesprochen werden.
Hamilkar Schaß ist demnach kein Normalleser, sondern einer, den der Teufel – hier: der Leseteufel – gepackt hat. Nur zu folgerichtig ist dann auch das „Entsetzen", von dem der General Wawrila erfaßt wird.

3.6. Adolf Abromeit spielt demgegenüber eine Rolle, in der nichts Außergewöhnliches zu erkennen ist. Indessen, mit einigen Absonderlichkeiten stattet ihn Siegfried Lenz doch aus, denn es heißt von ihm, daß er „zeit seines Lebens nicht mehr gezeigt hatte als zwei große rosa Ohren" und „daß man ihn durch eines seiner großen rosa Ohren geschossen hatte".

4. Realisation

Der Unterricht muß vor allem darauf zielen, den Schülern die Freude an einem solchen Text zu erhalten. Deshalb ist hier der Balanceakt zwischen dem individuellen Leseerlebnis und der Analyse eines Textes unter literarischen Aspekten zu bedenken.
Leider gibt es keine Schallplatte, auf der Siegfried Lenz diese Geschichte liest. Daher bleibt nur der Weg des Lehrervortrages, der darüber entscheiden wird, ob eine Klasse den Zugang zum Text findet und zum Gespräch motiviert wird. Ein Schmunzeln müßte auf den Gesichtern der Schüler zu beobachten sein.
Um eine Klasse an die Besonderheiten des Textes heranzuführen, erscheint es

angebracht, Äußerungen der Schüler zunächst abzuwarten und zu sammeln, so daß von hier aus die Struktur und die sprachlichen Formen der Geschichte in einem Unterrichtsgespräch bewußtgemacht werden können.
Denkbar ist es aber auch, daß die Klasse vor die Aufgabe gestellt wird, zu untersuchen, welche Mittel der Schriftsteller benutzt, um so humorvoll auf den Leser zu wirken. Dazu ist es sicher notwendig, die unter 1. gegebenen Hinweise für eine Skizzierung des Hintergrundes, auf dem die Geschichte zu sehen ist, im Unterricht zu verwenden.
Ziel des Unterrichts wird es sein, einige Intentionen des Textes (Abschnitt 3) zu erarbeiten. Vorrangig aber muß darauf gesehen werden, daß die Schüler motiviert werden, noch weitere Geschichten aus dem Band „So zärtlich war Suleyken" zu lesen, der auch als Taschenbuch vorliegt. *Karl-Heinz Kreter*

Siegfried Lenz Duell in kurzem Schafspelz

Diese Erzählung stammt aus dem Band „So zärtlich war Suleyken", dessen Geschichten und Skizzen der Autor beschreibt als „kleine Erkundungen der masurischen Seele". In „Duell in kurzem Schafspelz" geht es konkret um die Erkundung der Seele Stanislaw Griegulls, die zum Zeitpunkt der Erzählung zutiefst bekümmert ist, da ihr das Unglück widerfuhr, für einen unverhofft eintretenden Reichtum eine Verwendung finden zu müssen. Der nichtmasurische Leser hätte Mühe, dieses „Mißgeschick" zu begreifen, nähme ihn nicht der Erzähler, der sich gleich im ersten Satz als Verwandter Stanislaw Griegulls legitimiert, an die Hand und weihte ihn in die Geheimnisse der masurischen Seele ein. Der Leser lernt zu begreifen, daß der Schicksalsschlag, der Stanislaw Griegull getroffen hat, keineswegs nur ein individuelles Unglück darstellt, sondern Gegenstand der kollektiven Anteilnahme ist. So wie der Briefträger Hugo Zappka ganz selbstverständlich am Inhalt der auszutragenden Kärtchen teilhat, so widmet er sich auch dem mitleiderregenden Zustand Stanislaw Griegulls, dem er nach ausführlichem Hin und Her endlich mit dem rettenden Vorschlag helfen kann, Pferd und Schlitten zu kaufen. Der Leser hat begriffen, daß die masurische Seele weit entfernt davon ist, den Reichtum gewinnbringend anzulegen, vielmehr macht das Onkelchen noch Schulden, um sich die Vergnügen versprechende Anschaffung leisten zu können.
Die sogleich durchgeführte Schlittenpartie mit dem folgenschweren Zusammentreffen der Wettkontrahenten auf schmalem Waldweg führt zu weiteren wesentlichen Einsichten in die masurische Denkwelt. Zutiefst davon überzeugt, im Recht zu sein, tritt keiner den Rückzug an, und doch führt diese Starrköpfigkeit keineswegs zu aggressiven Verhaltensweisen. Die Kontrahenten befleißigen sich vielmehr eines überaus friedfertigen höflichen Umgangsstils, denn sie besitzen eine unendliche masurische Geduld, den Lauf der Dinge abzuwarten, und fühlen sich sogar wohl dabei: „man fühlte sich wohl unter kurzem Schafspelz und zeigte Geduld".
Solche beharrliche Geduld ginge aber über individuelles Maß, wäre da nicht die kollektive Unterstützung auf beiden Seiten, die Treue im Parteiergreifen, auf die unbedingt Verlaß ist und die das geduldige Ausharren des einzelnen zur Leistung für die jeweilige Dorfgemeinschaft überhöht.
Sollte der Leser geglaubt haben, diese massive Parteienbildung veränderte nun den Umgangsstil zwischen den beiden Kontrahenten, dann hat er noch nicht genug von der masurischen Seele begriffen, die konsequent – und nur für den Außenstehenden schizophren – zu unterscheiden weiß zwischen den Verhaltensweisen als Individuum

und als Sozialwesen. Als Individuum „verfiel man ins Plaudern, tauschte Leckerbissen aus, die der sorgende Nachschub gebracht hatte", und als Sozialwesen erinnerte man sich gegenseitig an die gemeinsame soziale Verpflichtung, „munterte sich beredsam auf, falls einer von ihnen nachgeben wollte".
Der Leser hat seine Lektion über die masurische Seele erhalten, er ist bei aller Verwunderung geneigt, sie auch zu glauben, denn der Erzähler verbürgt sich mit seiner Person, seinem erzählerischen Engagement („hol's der Teufel"), seiner vehementen Parteinahme für das eigene Dorf offenbar für deren Wahrheit, wäre nicht der Schluß, der die masurische Geduld zur Groteske werden läßt, indem ihr erst ein Ende durch die höhere Gewalt eines Krans, der dem Bau der Kleinbahn dient, bereitet wird. Die Beglaubigungsformel des Erzählers „Ehrenwort" greift nicht mehr, denn dem Leser geht nun erst auf, daß er offenkundig der masurischen Seele des Erzählers aufgesessen ist. Er hat sich einen Bären aufbinden lassen, gibt dieses „Ehrenwort" des Erzählers zu verstehen. Aber kam es ihm überhaupt darauf an, daß alles in seiner Geschichte wahr war? Geht es ihm nicht vielmehr darum, daß die Geschichten, wenn auch nicht immer wirklich, so doch möglich sind, so daß sich in ihnen die masurische Seele wiederfinden kann?
„Suleyken", schreibt Lenz in seinem kleinen Nachwort, „wie es hier vorkommt, hat es natürlich nie und nirgendwo gegeben; es ist eine Erfindung, so wie die Geschichten auch zum größten Teil Erfindung sind. Aber ist es von Wichtigkeit, ob dieses Dörfchen bestand oder nicht? Ist es nicht viel entscheidender, daß es möglich gewesen wäre? Gewiß, das ist zugegeben, wird in diesen Geschichten ein wenig übertrieben – aber immerhin, es wird methodisch übertrieben. Und zwar in der Weise, daß das besonders Eigenartige hervorgehoben wird und das besonders Charakteristische zum Vorschein kommt. Insofern steht das bewährte Mittel der Übertreibung ganz im Dienst der Wahrheitsfindung."

Didaktische und methodische Überlegungen

Es ist nicht ganz leicht, Schülern diese unvertraute ostpreußische Welt der Masuren zu erschließen. Sie werden sich in der Regel den Menschen, wie sie hier charakterisiert werden, überlegen fühlen (naiv, weltfremd, hinterwäldlerisch, kindisch usw.). Eine knappe Einführung in die Geschichte dieser Landschaft und in den biographischen Hintergrund des Autors könnte das Leseverständnis der Schüler verbessern. Wenn man der Autorintention entsprechen will, müßte man ohnehin mehrere der masurischen Geschichten lesen und besprechen (z. B. den „Leseteufel" im selben Band), weil sich erst dann die Mentalität dieser Menschen verstehen läßt.
Geschichten dieser Art können zum Lernziel „Empathie"[1] beitragen, weil sie die unvoreingenommene, wenn auch nicht unkritische Bereitschaft verlangen, sich in andere Menschen mit anderer Mentalität hineinzuversetzen, sich nicht sofort über sie zu stellen und damit nur das eigene Verhalten zum Maßstab zu machen.

[1] Sympathie = Mitfühlen; Empathie = Einfühlen
Mit dem Begriff Empathie beschreibt der Psychoanalytiker Heinz Kohut in seinem Aufsatz „Die Zukunft der Psychoanalyse" (in dem gleichnamigen Sammelband, suhrkamp taschenbuch wissenschaft 125, Frankfurt 1975, S. 24):
1. passiv: das „psychologische Erfaßtwerden durch eine verstehende menschliche Umwelt",
2. aktiv: „die Art, wie wir den anderen spiegeln und bestätigen und wie der andere uns bestätigt und spiegelt".
Kohut bezeichnet als eine wesentliche psychische Überlebensstrategie „die Erweiterung des Selbst, seine zunehmende Fähigkeit, eine je größere Zahl und je größere Vielfalt von anderen mittels einer bewußt erneuerten und kultivierten, vertieften Empathie zu erfassen".
In einer Welt der Entpersönlichung und der Objektbeziehungen könnte ein Lernziel „Empathie" beitragen zu einer humaneren Gestaltung der zwischenmenschlichen Beziehungen.

Leitfragen, die zu diesem Lernziel beitragen, könnten sein:

a) Zur Interaktion der Personen:
   Wie gehen sie miteinander um?
   Welche Bedeutung hat die Dorfgemeinschaft für den einzelnen, welche Bedeutung hat der einzelne für die Gemeinschaft?
   Wie verhalten sich die Menschen in ungewohnten Situationen?
   Wie werden Probleme und Konflikte behandelt?
   Wie erklären sich die „masurischen" Eigenschaften Geduld und Treue?
   Was läßt sich am sprachlichen Umgangsstil beobachten? (Diminutive, Höflichkeitsfloskeln)
   Wie läßt sich der Lebensstil der Dorfbewohner charakterisieren?
   Warum wird der Reichtum zum Problem?

b) Zum Erzähler:
   Welches Verhältnis hat der Erzähler zu diesen Menschen?
   Welche Rolle spielt das Geschichtenerzählen?
   Welche Funktion hat die Übertreibung?
   Welche Rolle spielt im Schlußabsatz der Kran? (Umkehrung des deus-ex-machina-Prinzips: die problematischen Figuren werden aus der Geschichte „herausgehoben", und die Welt von Suleyken und Schissomir ist wieder in Ordnung).

Bei aller Skurrilität, die durch Übertreibung entsteht, wird sich für die Schüler bei der Beantwortung dieser Fragen eine positive Grundhaltung ergeben, die ihnen Empathie möglich macht und damit die Absicht des Autors unterstützt, der dem Leser auch Skepsis zubilligt, „wenn wir uns nur einig wissen in unserer grübelnden Zärtlichkeit zu Suleyken".[2]

Lohnend könnte auch der Vergleich mit dem ganz anderen, aggressiven Verhalten der Dorfbewohner in R. O. Wiemers „Geschichte im Konjunktiv" (abgedruckt in „Erzählungen der Gegenwart VII") sein.

Renate Beyer

Josef Reding Todessprünge für die Gringos

Die Erzählung berichtet aus der kritischen Perspektive eines Cultivators bzw. Entwicklungshelfers über alltägliche, vor allem aber über nicht-alltägliche Begebenheiten in einem mexikanischen Dorf. Das zentrale Ereignis bilden die für Touristen arrangierten, sensationsgeladenen Sprünge der Dorfjungen von den Meeresklippen. Diese Sprünge dienen zunehmend nicht dem eigenen Vergnügen der Einheimischen, sondern werden – vor allem in ihrer nächtlichen Variante der simulierten Fackelsprünge – eingesetzt, um die Sensationsgier der Touristen zu befriedigen und sie zugleich als Einnahmequelle zu benutzen. Die Fackelsprünge stellen aber nicht für sich den Höhepunkt der Erzählung dar, sondern haben exemplarische Bedeutung. Sie kündigen in Verbindung mit anderen Situationen tiefgreifende Veränderungen an, die sich durch das Einbrechen des Tourismus in den Lebenszusammenhang eines rückständigen Gebietes ergeben, das noch in traditionellen Lebensformen verwurzelt ist. Die Erzählung führt vor Augen, daß der Tourismus nicht der große Fortschrittsbringer für unterentwickelte Gebiete sein muß, sondern daß er eher zerstörend auf die ursprüngliche Kultur und Lebensweise der Eingeborenen einwirkt.

[2] Alle Zitate von Lenz (außer den Textzitaten) sind dem Nachwort des Erzählbandes „So zärtlich war Suleyken" unter der Überschrift „Diskrete Auskunft über Masuren" entnommen.

1. *Wie wird die Umgebung, in der die Erzählung spielt, gekennzeichnet? Welche Attribute und Einrichtungen kann sie für Touristen interessant machen?*
Küstendorf, kaum benutzter Hafen, wenig Verkehr, landschaftliche Schönheiten, Einsamkeit, Gastwirtschaft, Touristenbüro etc., d. h. kleines Zentrum in einem rückständigen landwirtschaftlich genutzten Gebiet, in dem der Cultivator den „Campesinos" fortschrittlichere und rationellere Methoden des Maisanbaus vermittelt.
Worterklärungen und Hintergrundinformationen:
- Campesinos: abhängige Bauern, die oft zusätzlich noch als Händler, Mechaniker oder Kunsthandwerker einer Nebenerwerbstätigkeit nachgehen (die auch für touristische Bedürfnisse ausnutzbar ist).
- Trawler: Fischdampfer, der mit dem Grundschleppnetz arbeitet.
- Mexiko: Agrarland, Mais als eine der wichtigsten Kulturpflanzen wegen seiner großen Anpassungsfähigkeit an das trockene Klima, Grundnahrungsmittel. Produktion von Agrargütern in Mexiko: vorwiegend Zuckerrohr und Mais.

2. *Wie steht der Cultivator zu seiner Tätigkeit und zu den Einheimischen?*
- er arbeitet im Sinne eines Vermittlers von Kenntnissen, die er glaubt im Interesse der Eingeborenen einzusetzen mit dem Ziel, seine Vermittlerrolle im Laufe der Jahre „überflüssig" zu machen und zu einer gewissen Autonomie der Einheimischen beizutragen;
- er akzeptiert die Eigenständigkeit der Eingeborenenkultur, die er gegenüber den Touristen retten will;
- er paßt sich der Landeskultur an (vgl. etwa seine Hochschätzung der einheimischen Küche).

3. *Einstellung des Wirts Mantandes gegenüber den Bauern*
Bemerkenswert ist die Hierarchie unter den Einheimischen selbst: Wirt/Zöllner als Träger des „Fortschritts", Bauern als „Flachschädel".

4. *Symbolische Rolle des Essens*
- detaillierte Beschreibung der Gerichte (Nationalgerichte) als Ausdruck eines symbolischen Sich-Einlassens auf die fremde Kultur (vgl. auch „Stammgast", im Gegensatz zum touristischen Eßverhalten);
- Bedeutung des Essens, die über die Befriedigung des Hungers hinausgeht; Essen als Medium des sozialen Kontakts und sozialer Beziehungen;
- Wie reagieren die Touristen auf das einheimische Essen?
- Erfahrungen der Schüler mit der Eßkultur in fremden Ländern, mit dem Eßverhalten der Touristen bzw. mit der Tendenz der einheimischen Küche, sich dem Touristengeschmack anzugleichen.

5. *Darstellung des Tourismus in der Erzählung*

5.1. *Die Touristen und ihr Verhalten*
Kennzeichen der (nordamerikanischen) Touristen: Bus; Fremdenführer; Fotoapparat; Postkarten; Geschwindigkeit, d. h. Oberflächlichkeit der Reiseeindrücke; Konsumverhalten gegenüber den Erlebnissen im fremden Land (an welchen Stellen der Erzählung wird dies deutlich?), d. h. nicht die Erfahrung des Fremden und dessen spezifischer Verhältnisse überwiegt, sondern eine ethnozentrische Einstellung (= Beurteilung des Fremden am verabsolutierten Maßstab der eigenen Kultur bzw. Zivilisation); Betrachtung der Einheimischen, die zum

Objekt gemacht werden, fast wie in einem Zoo; Zerstreuung der Aufmerksamkeit (Essen und Betrachten gleichzeitig).
Es handelt sich um den Reisetyp der Pauschalreise (Gruppenreise) mit festgelegten Programmpunkten, aufgebaut nach den Prinzipien der Vielseitigkeit und der „Steigerung". Der Fremdenführer („Ladino" = Mischling zwischen Weißem und Indianerin) erklärt nicht nur, er spielt hoch, übertreibt, idyllisiert („heitere Spiele der jungen Generation"), stellt Abenteuerlichkeit und Sensationscharakter heraus („gefährlich", „Geheimnis"), d. h. der Fremdenführer weiß die Ereignisse und Sehenswürdigkeiten gut zu verkaufen.
Den Touristen genügt nicht die Naturschönheit, im Gegensatz zum Cultivator, der die „Spiele" der Natur am Beispiel der Küstenlandschaft als abwechslungsreich und spannend schildert („Schraffurspiele" der Felsen).
Urlaubsstreß: eiliges Essen, „als müßten die Männer und Frauen bereits in zehn Minuten wieder in Büros und hinter Verkaufstheken", d. h. Verlängerung des Alltags.
Hintergrundinformation:
Mexiko: seit ca. 30 Jahren Tourismusentwicklung, Tourismus als entscheidender Devisenbringer. Die Touristen kommen hauptsächlich aus den USA.

5.2 *Verhalten der Einheimischen (Wirt/Zöllner) gegenüber den Touristen und ihre Auffassung vom Tourismus*

- Einschätzung der Touristen: Definition als „Menschen, die Geld bringen", d. h. eingeschränktes Interesse an den Touristen als Geldbringer, nicht als Menschen (abschätzige Benennung als „Gringos", „verwöhnte Leute", trotzdem Eingehen auf ihre Erwartungen). Nicht die einzelnen Touristen sind hier interessant, sondern die Gruppe und der Tourismus als Erscheinungsform.
  Einschätzung von seiten des Cultivators: er reagiert „verärgert", sieht im Tourismus Nachteile für das Land und die Einheimischen, mischt sich kritisch ein, zeigt demonstrative Ablehnung.
- Unterscheidung zwischen subjektiven Einstellungen und Ambitionen (z. B. Erfindung neuer Attraktionen) und objektiven Verhältnissen (z. B. Rückständigkeit der Touristenindustrie in Axlateza: Zeitungspapier als Tischdecken, angeschlagenes Geschirr, Unvertrautheit mit dem Touristenbrauch des Trinkgeldgebens etc.): Einsicht der Schüler in Ungleichzeitigkeiten.
- Was erhoffen sich die einheimischen Initiatoren vom Tourismus?
  Utopie des wirtschaftlichen Aufschwungs, Visionen, optimistische Zukunftsbilder (vgl. Schluß der Erzählung). Illusion, daß der Wirt als einzelner eigenmächtig den Tourismus steuern kann, unabhängig von staatlicher Lenkung der Touristenströme und der Verselbständigung des Tourismus (= naive Einstellung der einheimischen Initiatoren).

5.3. *Klippensprünge bzw. Fackelsprünge als touristische Attraktionen*

Ursprüngliche Bedeutung der Klippensprünge: Freizeitaktivität der Dorfjugendlichen zum eigenen Vergnügen. Doch Wandel dieses Brauchs mit dem Einbruch des Tourismus: Folklorisierung des sozialen Lebens, d. h. Wandel von der eigenen Aktivität zu fremdbestimmten Handlungen, in denen die Klippensprünge als Ware erscheinen und dadurch ihre Authentizität verlieren.
Verschiedene Aspekte der Klippen- und Fackelsprünge:

- Folklorisierung von Bräuchen: einzelne Bräuche werden aus dem ursprünglichen Lebenszusammenhang herausgelöst und fremdbestimmten Erwartungen (der Touristen) unterworfen, zur Idylle, Unberührtheit, Unverfälschtheit des natürlichen Lebens stilisiert und zu souvenirgerechten Reiseeindrücken aufbereitet.

- Sprünge der Jugendlichen gleichsam als „Opfersprünge“ (vgl. die „Opfersteine“ der Tempelruine von Hoaxletup). Die Einheimischen werden selbst Opfer der Touristen.
  Folgewirkungen des Tourismus für die einheimische Kultur: Opferung der kulturellen Eigenständigkeit durch Anpassung an die Erwartungen der Touristen (nicht nur wirtschaftliche Abhängigkeit, sondern auch Abhängigkeit in der Lebensweise): „Da der Fremdenführer lachte, glaubten Mantandes und Cresco auch lachen zu müssen.“
- Bedeutung der Fackelsprünge: Spiel mit dem Tod, arrangierte Überraschung (Unglücksfall), Geschäft mit dem Tod (nicht nur Funktion der Unterhaltung der Touristen, sondern geschäftsträchtige Ausnutzung des Mitgefühls der Touristen mit dem „verunglückten Miguel“), d. h. Kommerzialisierung menschlicher Gefühle („Seelenverkäufer“).
- Diskussionspunkt: „Die Gringos wollen Sensationen. Wir verschafften sie ihnen. Aber nicht auf Kosten unserer Knochen.“ Wird mit der Enthüllung, daß die Fackelsprünge auf Trick und Verstellung beruhen, der Vorwurf nichtig, daß die Tourismusinitiatoren das Leben der Dorfbewohner verkaufen? (Aspekt des symbolischen Verkaufens, durch Unterwerfung unter Bedürfnisse der Touristen, die nicht die eigenen sind; Prostitution, Verstellung: Ersetzen menschlicher Gefühle und Beziehungen durch den Geldfaktor, der zunehmend an die Spitze der Bedürfnisse rückt).
- Einsicht in die Selbsttäuschung der Einheimischen, wenn sie glauben, die Touristen mit den fingierten Todessprüngen auf Dauer überlisten zu können.

Hintergrundinformation:
z. B. Acapulco: Wandel vom idyllischen Fischerdorf zur Großstadt mit tourismusorientierter Infrastruktur (Diskotheken, Hotels, Boutiquen, Souvenirläden etc.). Weltberühmte Touristenattraktion: die „Highdivers“, die 40 Meter tief von den La-Quebrada-Klippen hinunter ins Meer springen.

6. *Diskussionsanregungen zu den in der Erzählung literarisch verarbeiteten Problemen des Tourismus und der Entwicklungshilfe*

6.1. *Tourismus*

- Was gewinnen, was verlieren die Einheimischen durch den Tourismus? Was gewinnen, was verlieren die Touristen?
- Welche Reiseformen kennen die Schüler (Einzelreisen, Hotelaufenthalt, Camping-, Rucksack- und Wanderreisen, Besichtigungsreisen, fest gebuchte Pauschalreisen etc.)? Muß jede Form des Tourismus solche negativen Erscheinungsformen haben, wie sie in der Erzählung dargestellt sind? Welche alternativen Verhaltensweisen der Touristen sind möglich? (z. B. Kommunikation mit den Einheimischen, möglichst in deren Sprache, Interesse und Teilnahme an ihren Lebensgewohnheiten etc.).
- Erfahrungen der Schüler mit Einheimischen in fremden Ländern (andere Verhaltensmöglichkeiten gegenüber Touristen als nur geldorientierte, z. B. Gastfreundschaft, Unterhaltung, Herumführen etc.).
- Heranziehen anderer Formen und Medien, in denen der Tourismus angesprochen wird (z. B. Art der Anpreisung von Attraktionen in Reiseprospekten, Darstellungen in Geographiebüchern, Sacherzählungen, Reportagen über Tourismus, Reisebeschreibungen etc.).

Weiterführende Aufgaben:

- Geschichte aus der Perspektive des Wirts umschreiben bzw. aus der Perspektive der Touristen oder eines Touristen.
- Erlebniserzählung oder kritische und kommentierende Reportage oder Zukunftsvision der negativen Auswirkungen des Tourismus (z. B. auch äußerliche Veränderungen: Hotelkästen, Autobahnen, etc.) entwerfen.

6.2. Entwicklungshilfe

- Problem der Überlegenheit des Cultivators und dessen vermeintlich oder wirklich größerer Überblick (vgl. seine Beurteilung der Tourismusentwicklung). Wissen die Einheimischen am besten, was für sie gut ist, sollte sich der Cultivator überhaupt nicht einmischen?
- Kehrseite der Entwicklungshilfe: Unterwerfung unter weltweites System der Ausbeutung (von Rohstoffen und billigen Arbeitskräften), Kulturzerstörung etc.
- Trägt der Tourismus zur Entwicklungshilfe bei? (Erörterung anhand des letzten Abschnitts der Erzählung)

Doris Bachmann

Josef Reding Zum Runterschlucken für Grabner

Josef Reding wurde 1929 in Castrop-Rauxel geboren. Er ist ein vielseitiger Erzähler. Vor allem wurde er bekannt durch Kurzgeschichten, die an amerikanischen Vorbildern geschult sind und sehr oft an eigenes Erleben anknüpfen. (s. Gero v. Wilpert, Lexikon der Weltliteratur, Kröner, Stuttgart 1963, Bd. 1)
Die Sprachform der deutschen Kurzgeschichte nach dem 2. Weltkrieg ist zumeist dadurch gekennzeichnet, daß in ihr – im Gegensatz zur Erzählung – kein Ich-Erzähler auftritt. Ihr Inhalt gestaltet oft den Krisenaugenblick eines menschlichen Lebens in aller Kürze so, daß vom Leser ein wesentlicher Aspekt des von der Kurzgeschichte gestalteten Lebens gewonnen werden kann. Dieser Aspekt wird durch seine aufrüttelnde, appellierende Wirkung bedeutsam.
Die in einer Kurzgeschichte auftretenden Personen sind Menschen, die keine länger beschriebene Entwicklung durchmachen, sondern direkt vom Schreiber in eine Grenzsituation ihres Lebens geführt werden. Dabei ist die Handlung der Kurzgeschichte offen, d. h. sie beginnt meist ohne Einleitung und bricht plötzlich ab, wobei der offene Schluß dem Leser eine vom Geschehen her sich aufdrängende Beantwortung der angerissenen Fragestellung selbst überläßt. Die Erzählform der Kurzgeschichte hat den Charakter eines persönlichen Bekenntnisses, eines objektiven Tatsachenberichts oder eines parabelhaften Gleichnisses. Bei der Kurzgeschichte „Zum Runterschlucken für Grabner“ hat die Erzählform den Charakter eines objektiven Tatsachenberichts, der als stilistische Mittel den Dialog, den inneren Monolog und das Aufblenden eines bedeutsamen, krisenhaften Augenblicks im Leben der dargestellten Hauptfigur aufweist. Eine Kurzgeschichte konzentriert ihre zu vermittelnden Ereignisse konsequent nur auf den wichtigsten Augenblick im Leben der Hauptfigur. Diesen Augenblick macht sie durch auffällige Aussparungen bedeutsam. Das alles ist oft in Alltagssprache gefaßt. (s. Wilhelm Helmich, Die erzählende Volks- und Kunstdichtung in der Schule, in: Handbuch des Deutschunterrichts, hrsg. v. A. Beinlich. Lechte-Verlag, Emsdetten/Westf., o. J., Lieferung 9/10/11, S. 114 ff.)

Die genannten Kennzeichnungen der Gattungsform Kurzgeschichte treffen genau auf Redings „Zum Runterschlucken für Grabner“ zu.
Ein Ich-Erzähler tritt nämlich nicht auf. Unvermittelt beginnt die Kurzgeschichte mit einem in der Alltagssprache des Ruhrgebiets geführten Dialog zwischen zwei Stahlarbeitern, Heincken und Grabner, die mit dem Rad zum Stahlwerk auf die Schicht fahren. Heincken hat – wie das Gespräch zwischen beiden ergibt – über Winter sein Auto beim Straßenverkehrsamt abgemeldet; der Unterhalt wurde ihm zu teuer. Die Konjunkturlage ließ für ihn keine Überstunden mehr zu. Sollten noch Feierschichten eingelegt werden, muß Heincken an den Verkauf des Wagens denken.
Grabner hingegen besitzt kein Auto, er fährt nur Fahrrad, ist sehr bescheiden, wie der Hinweis auf die seit 12 Jahren von ihm benutzte „Kaffeepulle“ verrät.
Den darzustellenden wichtigen Augenblick im Leben Grabners bereitet Reding durch die Feststellung Heinckens gegenüber Grabner vor: „Hast ja jetzt viel Glück gehabt.“ Sollte Heincken von Grabners Glück etwas wissen? Grabner hat nämlich gerade 64000.– DM im Lotto gewonnen! Das aber möchte Grabner verschweigen. Er möchte trotz des Gewinns so weiterleben wie bisher.
Spannend die Problematik retardierend, führt Reding den Dialog der beiden Arbeiter so fort, daß sich herausstellt, Heincken denkt beim „Glückhaben“ Grabners an den Hausbau Lämmerkens, der Grabners Wohnung die schöne Aussicht auf den Kanal verstellt hätte, würde der Bau nicht durch eine Pleite des Bauherrn verhindert werden.
Der Dialog der beiden Arbeiter wird an dieser Stelle der Handlung von Reding abgelöst durch einen inneren Monolog Grabners. „Grabner dachte: er weiß nichts. . . . Jetzt bloß nicht den wilden Mann spielen.“ Selbst seiner Frau Elfriede und seinen Söhnen hat er den Lottogewinn bislang verheimlicht.
Nach dem inneren Monolog führt der Autor die Handlung in Form des objektiven Tatsachenberichts fort. Die beiden kommen am Stahlwerk an, wo Grabner in der Halle IX an der Bessemerbirne arbeitet. Dort untersteht er Stertzenkamp, einem Antreiber. Bevor nun der Arbeitsplatz und der bedeutsame, krisenhafte Augenblick im Leben Grabners von Reding vorgeführt werden, setzt Grabner auf dem Weg zu seinem Arbeitsplatz seine Reflexionen in Form des inneren Monologs fort: Mit 64000.– DM kann man viel anfangen, wenn man vernünftig ist. Man darf es nur nicht wie Jolleck machen, der über 100000.– DM gewann und sie zusammen mit seiner Familie vertat. Jetzt war er Alkoholiker und Schuldner von 20000.– DM. Dieser innere Monolog wird während der Darstellung des bedeutsamen Augenblicks im Leben Grabners wieder aufgenommen. „Vielleicht sollte man sich ein Häuschen mit Einliegerwohnung bauen . . . Oder Aktien kaufen? Nee, Aktien hauen nicht hin für unsereinen.“
Aber vorweg wird der Arbeitsplatz Grabners von Reding charakterisiert, völlig aussparend, zunächst äußerlich nur durch zwei Begriffe: Bessemerbirne und Konverter. Was heißt das? Durch das Bessemerverfahren (benannt nach einem englischen Ingenieur, der es 1855 erfand – inzwischen ist es durch einfachere, rationellere Verfahren in modernen Stahlwerken abgelöst worden –) kann aus Roheisen Flußstahl hergestellt werden. Dabei werden die störenden Verunreinigungen im Roheisen (Kohlenstoff, Silicium, Phosphor, Schwefel, Mangan) durch Einblasen von Luft in die flüssige Eisenschmelze unter teilweiser Mitwirkung der Steinauskleidung in der Bessemerbirne zu Gasen und Schlacke verbrannt. Der Konverter ist dabei die birnenförmige, innen feuerfest verkleidete Apparatur, in der das flüssige Eisen durch Hindurchblasen von Luft von unerwünschten Beimengen gereinigt wird. Der Konverter hat einen Außendurchmesser von 3 bis 6 m und eine Höhe von 5 bis 9 m mit 15 bis 18 t Fassungsvermögen. Seine Fütterung rauszuschlagen, ist eine außerordentlich schwere Arbeit.

Innerlich, klimatisch, wird der Arbeitsplatz Grabners aber auch von Reding charakterisiert durch den Antreiber Stertzenkamp, der insbesondere Liesinger, einen ungelenken, plattfüßigen und x-beinigen Arbeitskollegen Grabners, ständig fertigmacht.
Der fehlende Ich-Erzähler, der offene Anfang, der in Alltagssprache gefaßte Dialog, der innere Monolog, die Aussparung sind somit für die Kurzgeschichte „Zum Runterschlucken für Grabner“ nachgewiesen. Es fehlen noch die Nachweise für den in äußerster Kürze sprachlich dargestellten bedeutsamen Augenblick im Leben der Hauptfigur sowie den offenen Schluß.
Zum Augenblick: Gekonnt führt Reding Stertzenkamp, den Antreiber, in das Geschehen ein. Dieser begrüßt Grabner bezeichnenderweise mit einem kontrollierenden Blick auf die Uhr, kann aber nichts monieren, da Grabner seine Schicht pünktlich antritt. Anders Liesinger. Er kommt ein wenig zu spät und wird sofort von Stertzenkamp gerügt.
Die weitere Vorbereitung und Darstellung des Augenblicks vermag am besten der Text Redings. Hier stimmt jedes Wort und jede Charakteristik, jede psychologische und soziale Motivierung; knapp, prägnant, spannungsgeladen. Die Stufung der Spannung bis zur Feststellung Grabners, daß nicht Liesinger, sondern Stertzenkamp die größte Niete im Betrieb, ein Großtuer, „Hinternkriecher“ nach oben und Schinder nach unten ist, vollzieht sich ganz konsequent. Obwohl sich Grabner vorgenommen hatte, die Schinderei Stertzenkamps Liesinger und ihm gegenüber runterzuschlucken; das runterschlucken, was man eigentlich diesem Schinder sagen müsse, kann er nicht mehr. Mit 64000.– DM ist man nicht mehr derselbe. Man ist nicht mehr so abhängig vom kostbaren Arbeitsplatz oder meint es zumindest nicht mehr zu sein. Man schluckt nicht mehr so glatt wie früher. Das ist der darzustellende bedeutsame Augenblick im Leben Grabners.
Der offene Schluß beendet die Kurzgeschichte: Als Grabner ins Personalbüro gerufen wird, „grinst er“. „Grabner trat einen Koksbrocken weg. Das Koksstück tanzte und knackte auseinander. Grabner betrat den Klinkerbau.“ Wie die Angelegenheit ausgeht, bleibt offen. Die Offenheit hat aber eine appellierende, aufrüttelnde Wirkung. Der Leser muß sich die Antwort auf den offenen Schluß selbst suchen und damit auch auf die in der Kurzgeschichte Redings angerissene Problematik des Lebens des lohnabhängigen Stahlarbeiters im Ruhrgebiet, der konjunkturabhängigen und -bedrängten Industrielandschaft.

Möglicher Behandlungsweg

Die Kurzgeschichte sollte in der Klasse als Lehrervortrag dargeboten werden, um ihre Einheit von Sprache, Handlung und Gehalt am eindrucksvollsten zur Geltung bringen zu können. Nach der Spontanäußerungsphase sollte die Kurzgeschichte von den Schülern still gelesen werden, dies verbunden mit dem Arbeitsauftrag, sie zu gliedern. Als Möglichkeit bietet sich folgende Gliederung an:

1. Heincken und Grabner auf dem Weg zum Stahlwerk
2. Grabner denkt für sich (drei Stellen):
   „Jetzt bloß nicht den wilden Mann spielen“
   „Mit 64000.– Piepen kann man allerhand anfangen, wenn man vernünftig ist.“
   „Vielleicht sollte man sich ein Häuschen mit Einliegerwohnung bauen“.
3. Mit Stertzenkamp und Liesinger an den Konvertern
4. Grabner schluckt nichts mehr runter
5. Der Gang zum Personalbüro

Sollte die Gliederung den Schülern zu schwer fallen, muß der Lehrer durch Leitfragen helfen. Im sich anschließenden Unterrichtsgespräch sollte zu Punkt 1 der Gliederung der fehlende Ich-Erzähler und der in Alltagssprache geführte Dialog hervorgehoben werden; zu Punkt 2 der innere Monolog an drei verschiedenen Stellen der Kurzgeschichte; zu Punkt 3 die Aussparung und die Vorbereitung des bedeutsamen Augenblicks; zu Punkt 4 der Augenblick selbst; zu Punkt 5 die Funktion des offenen Schlusses mit seiner aufrüttelnden Wirkung.
Die Behandlung der Kurzgeschichte kann beendet werden mit einer Reflexion über den vermeintlichen Ausgang des Geschehens nach Grabners Vorsprache im Personalbüro und mit einer Besinnung über den lohnabhängigen Stahlarbeiter im Ruhrgebiet.

Horst Haller

Aletta Eßer Arbeit

I. Didaktische Überlegungen

Die kurze, berichtartige Erzählung ist zwar inhaltlich und sprachlich nicht besonders gekonnt gestaltet, bietet aber für den Unterricht fruchtbare Ansatzpunkte. Folgende didaktische Zieldimensionen können genannt werden:

1. Der Text lenkt hin zu einer kritischen Auseinandersetzung mit der Arbeitswelt, die für einen großen Teil der Schüler gleich nach Absolvierung der Sekundarstufe I Alltagswirklichkeit wird. Ein Gespräch über den Text ist deshalb ein Beitrag zur bewußtseinsmäßigen Vorbereitung auf die Berufswelt.
2. Da Aletta Eßer darstellt, wie sich eine vorurteilshaft verbrämte Vorstellung als unzutreffend erweist, kann ihr Text im Sinne exemplarischen Lernens dazu beitragen, daß auch die Schüler Vorsicht gegenüber eigenen, nicht nachgeprüften Ansichten walten lassen. Allerdings bedarf auch die Logik in Eßers Text einer kritischen Überprüfung: Die Arbeitsverhältnisse am Hochofen werden in ihm als charakteristisch für die Arbeitswelt überhaupt ausgegeben; ob Werksbesichtigung und Tätigkeit in einem Büro der Fabrik die Arbeit erfahren lassen, wie sie wirklich ist, dürfte fraglich sein.
3. Als Erfahrungsbericht gibt der Text ein Modell ab, wie auch Schüler schreibend ihr Betroffensein durch die Umwelt verarbeiten können. Die schriftliche Vergewisserung trägt dazu bei, daß blindes Befangensein in stereotypen Vorstellungen und willenloses Ausgeliefertsein an Eindrücke auf die Ebene bewußter geistiger Bewältigung gehoben werden.
4. Anhand des Textes werden die Schüler schließlich mit einem Typus von Literatur bekannt, der in der Diskussion der 70er Jahre eine große Rolle gespielt hat: Die dokumentarische Schreibweise des Werkkreises „Literatur der Arbeitswelt“ als Ausdrucksmittel für eigene, kritisch verarbeitete Erfahrung hat einer Literaturform Bedeutung verschafft, die nicht mehr in die traditionelle Kategorie der Fiktion paßt. Man könnte den Text von A. Eßer zum Anlaß nehmen, nicht nur über diese literarische Tendenz zu informieren, sondern grundsätzlich verschiedene Formen des Schreibens im Vergleich mit anderen Texten bewußt zu machen.

II. Unterrichtsmethodische Möglichkeiten

1. Als sinnvoller Einstieg bietet sich an, die Schüler vor Kenntnisnahme des Textes ihre Assoziationen und Ansichten zur Fabrikarbeit äußern zu lassen. Damit wird eine Folie geschaffen, vor der die im Text wiedergegebenen Einschätzungen und Erfahrungen deutlicher hervortreten. Es könnte dabei auch erörtert werden, woher die Schüler ihre Vorstellungen von Fabrikarbeit haben (damit bereitet man bereits auf die Vorurteilsproblematik vor).
2. Zur sorgfältigen Erschließung des Textes mag es dienlich sein, die anfangs berichteten wirklichkeitsverzerrenden Vorstellungen der Ich-Erzählerin einerseits und deren spätere Erfahrungen über die Fabrik andererseits systematisch auseinanderzuhalten; dafür bietet sich eine tabellarische Zusammenstellung an, etwa mit folgendem Resultat:

Begeisterung	Krach
wie Weihnachtsbäume	Hitze
Arbeit heldenhaft	Staub
Heiligenschein	Gefahr
	Unfälle

   Man kann in diesem Zusammenhang auch erörtern, ob eine Werksbesichtigung und die Tätigkeit in einer „Abteilung, deren Fensterfront zu den Hochöfen" gerichtet ist, tatsächlich schon die Arbeit „nackt und ungeschminkt, wie sie wirklich ist", zu zeigen vermag.
3. Die nur knappen Angaben zum Arbeitsprozeß in der Fabrik mögen dazu anregen, weitere Informationen einzuholen: Was ist ein Hochofen? Wozu dient er? Wie funktioniert er? Dabei kann auf technische Entwicklungen eingegangen werden (vgl. im Text: „Damals wurde noch von Hand gearbeitet und nicht wie heute mit dem Preßluftbohrer.") Die Aufgabe eignet sich für ein Schülerreferat oder als kleine Übung im Benutzen von Lexika.
4. Eine Diskussion lohnt die Frage, wann und ob überhaupt eine Arbeit als heldenhaft bezeichnet werden kann (dabei wird man sowohl über unterschiedliche Arbeitsprozesse als auch über den Wortsinn von „heldenhaft" mit seinen Konnotationen zu reden haben). Es mag sein, daß sich die Schüler die Lösung weniger einfach machen als die Erzählerin, für die in nicht unbedingt einsehbarer Logik schon durch das Gewahrwerden der Gefahren der Begriff „heldenhaft" für die Arbeit am Hochofen unbrauchbar geworden ist.
5. Der Text kann zum Anlaß genommen werden, über die Zielsetzung des Werkkreises „Literatur der Arbeitswelt" zu informieren (auch dies ist über Schülerreferat möglich, wenn der Lehrer entsprechende Literatur zur Verfügung stellt). Daran anschließen sollte sich ein Gespräch über Leistung und Grenzen fiktionaler Literatur einerseits und dokumentarischer andererseits (z. B.: verbürgte Information bzw. authentische Erlebnisse, aber Beschränkung auf tatsächlich Gegebenes in der dokumentarischen Literatur; Freiheit der Gestaltung und Möglichkeit des Entwurfs von Gegenwelten zur äußeren Wirklichkeit, aber Gefahr der Ablenkung von realen Problemzusammenhängen und Bedingungsfaktoren bei der Fiktion).
6. Ausgehend vom dokumentarischen Prinzip der Literatur der Arbeitswelt kann man die Schüler dazu anregen, von eigenen Erfahrungen zu berichten, die mit der Demontage einer vorurteilshaften Vorstellung zusammenhängen (ein Ferienziel erweist sich als Reinfall; eine lang verwehrte Freizeitbeschäftigung stellt sich – endlich gewährt – als langweilig heraus u. ä.).

Kaspar H. Spinner

Wolfgang Hildesheimer Der hellgraue Frühjahrsmantel

1. Textanalyse

1.1. Um den Text, der dem Band „Lieblose Legenden" entnommen ist, in der vom Autor gemeinten Weise aufnehmen zu können, sind die Informationen über den Schriftsteller hilfreich, die auf Seite 57 der Erzählungen der Gegenwart VIII zu finden sind. Daraus ist ersichtlich, daß die „Lieblosen Legenden" als seine erste Arbeit erschienen sind und 1961 von ihm überarbeitet wurden. Zuvor waren die „Lieblosen Legenden" seit 1950 stückweise in Zeitschriften veröffentlicht. Schon damals reagierten die Leser mehr mit einem einverständigen Lächeln als mit einem hellen Gelächter.
In der zweiten Fassung hat der Autor eine gründliche Überarbeitung vorgenommen, so daß die leichte Hand, mit der diese „Lieblosen Legenden" geschrieben sind, und die feine Ironie noch deutlicher zum Ausdruck kommen.

1.2. Die Wahl des Titels der Sammlung soll von vornherein signalisieren, daß der Leser es mit verfremdeten Geschehnissen zu tun hat, denn als „Legenden" werden Lesestoffe bezeichnet, die religiös Erbauliches um den irdischen Lebenslauf eines Heiligen berichten und deren Tendenz es sicher ist, die allumfassende Liebe im christlichen Sinne darzustellen.
„Lieblose Legenden" wollen den Blick auf eine Welt richten, aus der Lieblosigkeit nicht wegzudenken ist. Gleichzeitig ist bei dem Begriff Legende auch zu denken an die abgeleiteten Adjektive „legendarisch", das das so Bezeichnete dem Bereich der Legende zuweist, und „legendär", das an der Glaubwürdigkeit einer Darstellung zweifeln läßt. Bei Hildesheimer ist wohl das Legendäre in Verbindung mit der Lieblosigkeit gemeint. Wenn in den Geschichten zunächst der Eindruck des Humorvollen überwiegt, so ist auch Liebloses in ihnen verborgen.

1.3. Mit Augenzwinkern fordert der Erzähler den Leser auf, etwas Unwahrscheinliches als selbstverständlich hinzunehmen.
Der Einleitungssatz ist ganz sachlich gehalten. Es fallen aber schon die Gedankenstriche ins Auge, denn diese erhöhen, wenn sie vor und nach Satzteilen stehen, den Nachdruck des Gesagten. In diesem eingeschobenen Satz wird aber etwas hervorgehoben, was an sich belanglos sein müßte. Oder ist es doch von Bedeutung? – wird sich der Leser fragen.
Es wird der einmal angeschlagene Ton gehalten, indem das Verschwinden des Vetters vor zwölf Jahren offensichtlich die Familie nicht berührt hat. Ebenfalls ungewöhnlich ist es, wird aber im Brief als selbstverständlich hingenommen, daß der Vetter sich nach so langer Zeit an das „Taschenbuch für Pilzsammler" erinnert.
Auch die Reaktion der Frau des Erzählers, die „gerade dabei war, den Tauchsieder in die Blumenvase zu stecken, um Eier darin zu kochen", zeigt kein Erstaunen, sondern führt zur nüchternen Frage, wie sie bei dem Empfang eines Briefes üblich ist: „So? Was schreibt er?"
Der Leser wird in dieser Weise immer wieder verblüfft, da ihm Unwahrscheinliches als ganz Selbstverständliches dargeboten wird: Die Frage der Frau, wann der Mantel nach Australien geschickt sei; das Paket Steinpilze; die Bitte des Vetters, ihm eine Blockflöte zu schicken.
In der gleichen Haltung ist auch der Dialog zwischen dem Erzähler und seiner Frau wegen der Theaterkarte aufzunehmen und zu verstehen.

1.4. Bemerkenswert sind aber auch die eingestreuten Überraschungseffekte, durch die die Handlung fortgeführt wird und die humorvollen Verwicklungen entstehen. In diesem Zusammenhang ist auf das Erscheinen des Klavierstimmers Kolhaas zu verweisen. Eine Begründung wird nicht genannt, wohl aber, daß er ein „schüchterner und zerstreuter Mann, ein wenig weltfremd sogar" sei. Außerdem bezeichnet ihn Hildesheimer als „sehr nett" und „natürlich sehr musikalisch". Ein weiteres Überraschungsmoment ist in der Verwechslung der Mäntel zu sehen, denn dadurch entstehen wieder neue Verwicklungen.

1.5. Um beim Leser nicht nur humorvolles Einfühlen in die Situation zu erreichen, sondern in ihm auch eine gewisse Spannung zu provozieren, bedient sich der Autor des Mittels der „Antizipation".
Es läßt sich unschwer feststellen, daß alle Geschehnisse im voraus angedeutet werden: z. B. der „Brief", den der Vetter „in den Kasten" stecken wollte, löst die „Tannhäuser"-Episode aus. Daß der Klavierstimmer auch Blockflötenunterricht erteilt, wird wieder bedeutsam für die Begründung, die der Vetter für die Anforderung der Blockflöte gibt.

1.6. Die handelnden Personen werden mit wenigen pastellartigen Strichen skizziert, der Erzähler sicher am schwächsten, stärker schon der Klavierstimmer. Die Frau des Erzählers wird dagegen durch ihre kurzen Bemerkungen charakterisiert, besonders im letzten Satz: „Ihre Repliken (Erwiderungen) sind zwar nüchtern, aber erschöpfend."
Hinter den Personen ist auch die „Lieblosigkeit" zu erkennen, obschon feiner und spritziger Humor sie überdeckt, denn das Verhalten der Eheleute zueinander ist wohl nicht als ausgesprochen liebevoll zu bezeichnen. Auch das Verhältnis zum Vetter Eduard, von dem das Ehepaar zwölf Jahre nichts gehört hat, scheint ebenfalls nicht von verwandtschaftlichen Gefühlen geprägt zu sein.

2. Methodische Hinweise

2.1. Dieser Text eignet sich nicht für eine „Behandlung", in der auf alle Punkte der Textanalyse eingegangen wird. Damit könnte diese Feinsinnigkeit und Hintergründigkeit der Darstellung verlorengehen.

2.2. Es wird deshalb darauf ankommen, die Schüler zu einem gründlichen stillen Lesen unter folgender Aufgabenstellung zu veranlassen:
Was erscheint an der Geschichte unwahrscheinlich und was überrascht beim Lesen?

2.3 Ein Unterrichtsgespräch wird sicher zur Ziffer 1.3. der Textanalyse führen und zu klären versuchen, mit welchen Mitteln und an welchen Stellen der Schriftsteller dem Unwahrscheinlichen doch den Anstrich des Selbstverständlichen gibt. Wenn die Bemerkungen der Schüler nicht darauf hinzielen, dann könnte ein Impuls die Aufmerksamkeit der Klasse auf die Überraschungseffekte im Text lenken.

2.4. Um festzustellen, ob die Schüler den humorvollen und leicht ironisierenden Ton der Geschichte erfaßt haben, eignet sich die Aufgabe, den Text sinngestaltend vorzulesen. Dabei ist mit der Klasse zu erwägen, welche Form des Ausdrucks für das Vorlesen zu wählen ist: pathetisch, kühl, gleichförmig, Gegensätze betonend, Höhepunkte herausarbeitend, langsam verweilend oder schnell hastend.

2.5. Je nach Leistung der Klasse kann noch auf den Schriftsteller (1.1.) und auf den Titel der Sammlung, aus dem diese Geschichte stammt (1.2.), eingegangen werden. Das Ziel einer solchen Erweiterung der Behandlung dieser Legende wäre eine Motivierung der Schüler, sich mit dem Schriftsteller Hildesheimer eingehender zu beschäftigen.

Karl-Heinz Kreter

Martin Walser Der Umzug

Als diese Geschichte 1955 erschien, mag sie den Lesern gesellschaftskritisch vorgekommen sein, auf uns heute wirkt sie eher affirmierend, ja, wir müssen aufpassen, daß wir beim deutenden Heraustreten aus der grotesken fiktiven „Gegenwelt" nicht die verfälschende dichotomische Sicht für unsere Welt beibehalten, als seien die Arbeitenden ein fröhliches, kommunikatives Völkchen und als seien die „Vornehmen" in der Krankheit zum Tode erstarrte, vielleicht sogar bedauernswerte Einzelwesen.
Wie kommt dieses gesellschaftliche Bild zustande, und welche erzählerischen Strukturen liegen ihm zugrunde?
Walser arbeitet mit Reduktion, Über- und Untertreibung, Ironie.
Reduktion: So wie der Erzähler mit wenigen Klischees sein Kinoerlebnis skizziert, so läßt ihn der Autor auch die Personen und die Räumlichkeiten der ganzen Geschichte andeutend umreißen. Die Personen bleiben schemenhaft, weil sie nur auf bestimmte stereotype Verhaltensweisen reduziert werden. Das gilt in gewissem Maße sogar für den Ich-Erzähler selbst. Anstatt der ganzen Vielfalt menschlicher Lebensäußerungen nimmt der Leser Interaktion nur als Bewegung („Wir gerieten also aneinander") und Kommunikation als Geräusch („gebrauche meine Lippen vor allem dazu, vor mich hinzupfeifen") wahr.
Übertreibung und **Untertreibung:** Würde die Geschichte nur vom Prinzip der Reduktion bestimmt, dann wäre sie viel kürzer. Aus dem komplexen Weltzusammenhang herausgelöste Einzelelemente entwickeln jedoch in der dichterischen Sprache ihre Eigengesetzlichkeiten. Sie beginnen ein Spiel, das nur noch teilweise der Erfahrungsrealität verpflichtet ist. Wohnungen können dadurch, daß der normale Kontext fehlt, so groß werden, daß man Möbel nur noch wahrnimmt, wenn man ganz nah hingeht und danach tastet, Menschen werden zu Objekten, in deren Inneres man Nahrung durch Röhren hineinpumpt, sie wirken, als seien sie viele hundert Jahre alt.
Übertreibungen und Untertreibungen summieren sich zur Groteske.
Ironie: Daß die Erzählwelt nicht gänzlich ins Schaurig-Undimensionierte abdriftet, verdankt der Leser ihrem Vermittler. Dieser Erzähler stellt zwar dar, was er wahrnimmt, nämlich bis zur Groteske reduzierte Interaktion und Kommunikation, aber er versucht ständig, darin nicht aufzugehen, nicht unterzugehen. Entgegenzusetzen hat er seine Ideologie des fröhlichen Sichselbstbescheidens, die ihn als gesund, die anderen als krank deklariert und ihm die Distanz ironischen Sprechens verleiht.
Ironie entsteht hier also nicht aus überlegener Distanz, sondern aus dem ständigen Kampf mit einer total entfremdeten und entfremdenden Realität, um nicht sich selbst zu verlieren.
Nun wird schon deutlich, daß das problematische Gesellschaftsbild (die da oben sind zwar reich, aber tot – wir hier unten sind zwar arm, aber lustig) nicht das ist, was uns der Autor suggerieren möchte, sondern daß es die Ideologie darstellt, mit der unser erzählender Arbeiter zu überleben versucht. (Ideologie dient dem Überleben, aber sie ist unwahr.)
Bei der Behandlung mit Schülern sollte man nach der ersten Verwunderung über die groteske und dichotomische Sicht der Gesellschaft den Weg einer aufbauenden Erarbeitung der subjektiven Sicht des Erzählers wählen. Dieser Weg sei hier skizziert:

1. Das Selbstbild des Erzählers

Fragenkomplex: Wodurch kennzeichnet er seine Person? Wie schätzt er sich ein? Welche seiner Eigenschaften hält er für wichtig?
Es ergibt sich eine Selbstdefinition als Familienvater – Angehöriger der armen Bevölkerungsschicht (schlecht bezahlter Handwerker, zeichnet zu Hause auf dem Bügelbrett) – fröhlicher Mensch.
Da die Einleitung antizipierend die Krise seiner Zweierbeziehung mit Nachdruck (einschlagende Granaten) in den Mittelpunkt rückt, müßte nun untersucht werden:

2. Die Beziehung zu seiner Frau

Fragenkomplex: Wie kam die Beziehung zustande? Hat sie eine Entwicklung durchgemacht? Nach welchen Maßstäben beurteilen sich die Partner? Wonach richten sie ihre Bestrebungen aus? Wer dominiert? Wie werden Konflikte ausgetragen?
Haben die Schüler bisher weitgehend selbständig das Material zusammentragen können, so muß jetzt ein vom Lehrer geleiteter Abstraktionsprozeß einsetzen, der die Ergebnisse sichert: Die zufällig, nicht etwa aufgrund gleichgerichteter Interessen zustandegekommene Beziehung ist dadurch gekennzeichnet, daß die Frau über den Mann verfügt und er sich anzupassen versucht, um Konflikte zu vermeiden („Ich wollte nicht streiten"). Die Frau ist fremdbestimmt (Eltern, Nachbarn), er versucht, selbstbestimmt zu handeln.
Wenn jetzt der Ablauf der durch den Wohnungswechsel ausgelösten Krise der Zweierbeziehung analysiert wird, besteht die Chance, daß die Schüler die groteske Darstellung der Umwelt als **Innenperspektive** eines Menschen erfassen, der zutiefst verunsichert ist. Nur so ist zu erklären, daß ihm die Angehörigen einer fremden Gesellschaftsschicht wie Wesen von einem fremden Stern erscheinen.

3. Die Krise

a) *Der „Umzug" zu den „Vornehmen"*
Fragenkomplex: Wie wird die Wohnung gekennzeichnet? Welche Gefühle äußert der Erzähler dabei? (heimtückisch, gefressen ⟷ stolz, fröhlich). Was kennzeichnet den Onkel, den Vorbesitzer der Wohnung?
Es lohnt sich, bereits an dieser Stelle Überlegungen anzustellen, wieso der Erzähler auf die neue Umgebung mit Gefühlen des Bedrohtseins reagiert und wie er dies Problem bewältigt.

b) *Die Kommunikationsversuche mit der neuen Umwelt*
An den zwei Sätzen über den Abschied von der alten Umgebung läßt sich noch einmal die unterschiedliche Bedürfnisstruktur der Ehepartner erörtern, welche die Vorbedingung ist für die auseinanderführenden Wege.
Gerda definiert von Anfang an ihre Identität vom **Status** her. Dieser scheint sich zu verbessern:
Gerda: Status der Ehefrau – Mutter – „Ingenieursfrau" – Immobilienbesitzerin
Der Erzähler jedoch definiert sich durch **Beziehungen:**
Erzähler: Beziehung zu Gerda („Wir gerieten also aneinander") – Beziehung zu den Bewohnern „unserer alten Straße" („händeschüttelnd", „durcheinanderlaufend") – Beziehung zu den Menschen des „vornehmsten Viertels" (?)

Die Irritation des Scheiterns aller Kontaktversuche spiegelt sich in der grotesk-übersteigerten Beschreibung der neuen (Un-)Nachbarn.
Fragenkomplex: Was unternimmt der Erzähler, um eine Beziehung zu den neuen Nachbarn herzustellen? Welches Ziel setzt er sich? (Bewegung: „Tanz"; Gruß: „Händedruck"). Wie erscheinen ihm die Nachbarn? Wie verhalten sie sich? (s. Reflexiv- und Passiv-Konstruktionen: schoben sich – wurden gesogen – jemand setzte ihnen Hüte auf.)

c) *Die Entfremdung von Gerda*
In dem Maße, in dem Gerda sich an die neue Umgebung anpaßt, um ihren Status zu sichern, wird sie vom Erzähler mit denselben grotesken Ausdrucksmitteln beschrieben.
Aus-druck: der (Beziehungs-)Zustand der Entfremdung, sprich: die Innenwelt des Erzählers, wird sprachlich als Groteske herausprojiziert auf die Außenwelt.
Innenwelt: Entfremdung ⟷ Außenwelt: Groteske
Fragenkomplex: Wie registriert Gerda ihre neue Umgebung? Wie reagiert sie darauf? (re-agieren: auf derselben Ebene „zurück"-handeln wie das Gegenüber.) Wie gestaltet sie ihre Partnerbeziehung?
Die **Krise** entsteht
1. als **körperliche Erfahrung** des Erdrücktwerdens durch das Gewicht der Ummodelungsversuche Gerdas („daß sie schließlich meine Ohren eindrückten und mich in dumpfe Taubheit versetzten")
2. als **Akt der Erkenntnis** der totalen Entfremdung („daß ich sie nie mehr würde heilen können")

Fragenkomplex: Was registriert der Erzähler an seinem Körper aufgrund der Behandlung durch seine Frau? Worin besteht seine Erkenntnis?
Verstärkter Druck durch den Partner → Krankheit → Erkenntnis der Fremdheit des Partners

d) *Der Ausweg*
Trotz der herrschenden Gefühlskälte („Ihre Augen sahen mich wie durch ... Knopflöcher an") unternimmt der Erzähler
1. einen **Anpassungsversuch,**
dessen Selbstverleugnung ihn an die Grenze der Selbstzerstörung (Erstarrung → Ersticken) führt,
2. den **Ausbruch**
durch Distanzierung und Rückkehr in den alten Beziehungszusammenhang.

Beobachtenswert ist der explosionsartige Ausdruck der Körpersprache, angesichts dessen die Wortsprache auf einen banalen Ausruf zusammenschrumpft.
Fragenkomplex: Wie versucht der Erzähler seine Zweierbeziehung zu retten? Was registriert der Erzähler an seinem Körper?

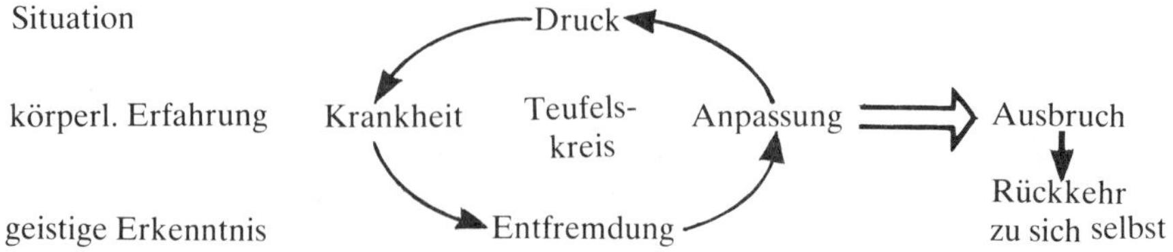

4. Die Erkenntnis des Erzählers

Gerade an den Schlußbemerkungen läßt sich deutlich machen, daß es nicht um das Weltbild des Autors geht, sondern um die reichlich begrenzte Weltsicht eines einfachen Menschen, dem es mehr intuitiv (den Signalen seines Körpers vertrauend) als reflexiv gelungen ist, aus einer desolaten Zweierbeziehung herauszukommen. Der Autor verweigert also die „Weltdeutung" im Sinne allgemeinverbindlicher Urteile, indem er den kritischen Leser durch die zwischen Naivität, Groteske und Ironie hin- und herpendelnde Sprache des einfachen Erzählers provoziert. Herauskommen könnte eine selbständige Auseinandersetzung mit dem Problem im kritischen Dialog mit dem Text. Diese Auseinandersetzung wird heute mit Sicherheit anders verlaufen als in den fünfziger Jahren!
Fragenkomplex: Worin besteht die Problemlösung des Erzählers nach dem Ausbruch? Wie kennzeichnet er jetzt die Beziehung zu seiner (ehemaligen) Frau? (Körpersprache: „nicht mehr erkennen".) Wie lautet seine „Lebensphilosophie"?
Eine Lerngruppe, welche intensiv mitgedacht hat, könnte in einer Art **Lernkontrolle** sicherlich die Botschaft an die Tochter deuten, d. h. klären, was den Bewußtseinsstand des Erzählers ausmacht.
Hilfsfragen: Welche Einsichten helfen dem Erzähler, sein Leben weiterzuleben? Was grenzt er mit den Begriffen „gesund – krank" voneinander ab? Was ist ihm auf der Ebene der zwischenmenschlichen Beziehungen wichtig?
Eine Problematisierung dieser Erzählerphilosophie als Ideologie müßte gemeinsam in einem aus dem Text herausführenden Schritt vollzogen werden:

5. Ideologiekritik

Zwei Arbeitsbereiche seien vorgeschlagen:

a) *Mensch – Mitmensch*
Die Arbeitsperspektive könnte lauten: Was kann man tun, um derartige katastrophale Sackgassen-Situationen in Zweierbeziehungen zu vermeiden?
Für die Diskussion der aktiven Gestaltung des **Beziehungsaspektes** im Gegensatz zur gesamtgesellschaftlich durch unser Wirtschaftssystem überbetonten Statusproblematik sei verwiesen auf:
- Auszüge aus dem Tagebuch von Max Frisch vom April 1946 zum Stichwort „sich ein Bildnis machen"
- Auszüge aus den Büchern von Erich Fromm „Die Kunst des Liebens" und „Haben oder Sein".

b) *Mensch – Gesellschaft*
Hier wäre der Begriff der **Ideologie** zu erarbeiten, die komplexe Gesellschaftszusammenhänge formelhaft verfälscht, indem sie sich als Lebenshilfe anbietet. Genauere Einsichten in das gesellschaftliche Oben-Unten verspricht eine Unterrichtseinheit
- Literatur der Arbeitswelt
- Aletta Eßers „Arbeit" in demselben Erzählband S. 24 könnte Denkanstöße geben.

Günther Lange

Rudolf Otto Wiemer Der Vater

I. Vorschlag zum Textverständnis

Der Aussage dieser Erzählung kann man sich am ehesten über die Struktur des Textes nähern: Nach dem **Prinzip der Steigerung** läßt der Autor in seinem Text sich zwei Jungen begegnen, von denen der eine den anderen so reizt, daß eine Schlägerei entsteht.

Zunächst reagiert Arno, der eine der beiden Jungen, auf die Aufschneiderei seines Vetters, der als Trauerbesuch für Arnos verunglückten Vater gekommen ist, skeptisch: „Arno guckte den Vetter von der Seite an.“ Als Lothar, der Vetter, dann aber mit dem phantastischen Hebekran seines Vaters den Bagger von Arnos Vater vor dessen Freunden ausstechen will, reagiert Arno schon ärgerlicher: „. . . er schnippt bloß mit dem Finger und guckt den Vetter böse an.“

Auch die nun erklingende Totenglocke findet vor dem Vetter keine Gnade, denn bei **seines** Vaters Tod würden alle Glocken läuten. Diese Episode ist die letzte vor Arnos großem emotionalen Ausbruch; er begegnet dem Verhalten des Vetters mit einem vieldeutbaren Schweigen („Arno sagte nichts mehr“), und die Freunde vermuten lediglich, er fühle sich von Lothar ausgestochen.

Daß aber hinter Arnos Verhalten ein ganz anderer Beweggrund liegt, zeigt der Autor in der Reaktion auf Lothars Verächtlichmachung des Sarges von Arnos Vater: „. . . wie Arnos Gesicht plötzlich ganz rot wurde. . .“ und „. . . aber Arno ließ sich jetzt nicht halten; er . . . stürzte sich auf den Vetter . . ., er riß ihm . . . den schwarzen Flor vom Ärmel“. Auch sein Weinen betrifft nicht etwa die durch Lothars Gegenwehr hervorgerufenen Schmerzen: „. . . er schluchzte, das kannten wir gar nicht an ihm, der Speichel sabberte ihm aus dem Mund . . .“

An dieser Stelle wird deutlich, daß Arno, den der Verfasser zunächst als scheinbar unberührt vom Tod seines Vaters darstellt („Nun war er aber doch da, wie immer, nicht mal einen schwarzen Anzug hatte er an, auch keinen Trauerflor am Ärmel“), sehr um seinen Vater trauert. Arno läßt seinen Vetter so lange mit dessen Vater prahlen, bis dieser zu dem intimen Bereich von Arnos Trauer vorstößt, die sich in dessen ängstlicher Abwehr der anderen andeutet, als sie auch den Sarg von Arnos Vater sehen wollen. Da Lothar nun auch hier spottet und prahlt, spricht Arno ihm wortlos das Recht ab, öffentlich Trauer zu bekunden, die in Wirklichkeit gar keine ist: Er reißt ihm den Trauerflor vom Ärmel und entlarvt ihn durch diese Handlung als Heuchler.

Ein weiterer Aspekt der Erzählung erschließt sich bei der Betrachtung des Titels. Es geht dem Autor offensichtlich nicht nur darum, die Trauer eines Kindes um seinen Vater situativ darzustellen, sondern auch darum, die Rolle des Vaters allgemein zu bedenken.

Diese Erzählung handelt von zwei Vätern, die allerdings ein und dieselbe Funktion haben: Für Arno und seine Freunde ist der Vater ebenso wie für Lothar eine Art Statussymbol: Je hervorragender seine Eigenschaften sind (symbolisiert durch den fachmännischen Umgang mit gewaltigen Maschinen: Bagger, Hebekran), desto mehr Eindruck macht er – der Vater – auf die Freunde: „. . . der Vetter hatte ihn, glaube ich, ausgestochen, nachdem die Kipploren so klein und schäbig gewesen waren und. . . der Bagger weg war, der Bagger, der es vielleicht noch mit dem Hebekran aufgenommen hätte. . .!”

Angesichts dieser Stellung, die „der Vater“ im Bewußtsein der Jungen einnimmt, muß Arno zweierlei Leid erfahren:
1. Der Vetter schädigt das Ansehen von Arnos Vater bei dessen Freunden, indem er sich einen Supervater erfindet;
2. der Vetter dringt auf dem Weg dieser Schädigung in den sorgsam verborgen gehaltenen Bereich der Trauer um seinen Vater vor.
Damit wird die Absicht des Autors deutlich: er will zeigen, welche Vorbildfunktion der Vater hat:
a) Je mehr er kann, desto mehr gilt er bei Freunden;
b) wenn einer keinen Vater hat, muß er einen erfinden, um vor den Freunden bestehen zu können.
Der Gedanke vom Vater als Identifikationsobjekt des heranwachsenden Jungen verbirgt sich also in der Auseinandersetzung zwischen Arno und Lothar.
Neben der Erzählstruktur (Prinzip der Steigerung) und dem Titel („Der Vater“) sollte noch ein dritter Gesichtspunkt der Erzählung bedacht werden. Durch den gesamten Erzählduktus wird im Leser Verständnis für Arnos Leid und für seinen Zorn geweckt. Es scheint auch so, als solle Lothar die Lesersympathien verlieren, und zwar durch sein Verhalten, angesichts des Todesfalles völlig deplaziert – seinen angeblichen und Arnos toten Vater zu bloßen Streitobjekten herabzuwürdigen. Dieses sich im Leser anbahnende Urteil gegenüber Lothar wird jedoch am Schluß in Frage gestellt, wenn es heißt: „Wir blickten den Vetter an, der wollte lächeln, aber es ging nicht.“ Dieser karg formulierte Satz läßt dem Leser Raum für Assoziationen um Lothars Leid: Er hat nicht die Erfahrung anderer Kinder gemacht, auf das Können eines realen Vaters stolz zu sein; und er weiß nichts aus eigenem Erleben von der emotionalen Bindung zwischen Vater und Sohn, die in Arnos Weinen deutlich wird. Als sein Phantasievater dann so jäh verschwinden muß, empfindet er Scham und Hilflosigkeit. Dem Leser, besonders dem erwachsenen, kann an diesem Teil der Geschichte deutlich werden, daß die Lothars unserer Gesellschaft für ihr Leben geschädigt und gezeichnet sind.

II. Zur Behandlung im Unterricht

1. Didaktische Vorschläge

Die Schüler könnten erkennen,
1. daß auch ästhetische Prinzipien wie hier das formale der Steigerung Informationen vermitteln können: die wachsende Aversion Arnos gegen seinen Vetter;
2. daß der Autor in Arnos Verhalten nicht nur Wut, sondern vor allem Leid zeigen will;
3. daß Lothar einen Vater erdenkt, nicht um anzugeben, sondern weil er ihn wie die anderen Jungen als Identifikationsobjekt braucht.
4. Man könnte über die Geschichte hinaus die psychische Situation vaterloser (Lothar) und vaterlos gewordener (Arno) Kinder reflektieren.

2. Methodische Vorschläge

1. Lektüre des Textes
2. Aufgaben in Gruppen
   Mögliche Themen:
   a) Welche Struktur hat die Geschichte? Welche Funktion hat die Struktur?
   b) Stelle das Verhalten Arnos dar und erläutere es!
   c) Stelle das Verhalten Lothars dar und erläutere es!
3. Diskussion der Gruppenarbeit mit dem Versuch, die in den didaktischen Vorschlägen angeführten Punkte zu erarbeiten.

4. Plenumsdiskussion, eventuell unter Hinzunahme von themenähnlichen Texten aus Zeitschriften und Sachbüchern unter folgenden Fragen:
   a) Was bedeutet der Vater für ein Kind, speziell für einen heranwachsenden Sohn?
   b) Warum verschweigt der Mensch sein Leid, selbst vor Freunden?
   c) Welche Eigenart besitzt die literarische Gestaltung eines Themas im Vergleich zur sachlich erörternden?

Elke Detjen-Vogeley

Gerhard Zwerenz Legende vom letzten Gaul

Die Erzählung, eine der „Schulbuchgeschichten" von Zwerenz aus seiner Sammlung „Nicht alles gefallenlassen", enthält nur sehr vermittelt die bei Zwerenz sonst offensichtlichere politische Dimension. Doch die Erzählung erschöpft sich nicht nur in der lustig lapidaren Pointe, nach der sich ein vermeintliches Pferd schließlich als Kuh entlarvt. Das Aha-Erlebnis der Pointe wirft Licht auf einen durchgängigen Zug in der Erzählung: die Unsicherheiten in der Benennung des Tieres und im Umgang mit ihm. Diese Unsicherheiten sind so harmlos nicht. Sie verweisen vielmehr auf die Problematik, daß bestimmte Gegenstände und Lebewesen nicht mehr erkannt und richtig benannt werden können, da sie aus dem eigenen Erfahrungsbereich zunehmend verdrängt werden. Dieser Aspekt der Erzählung kann einer der Punkte für die Unterrichtsdiskussion sein:

1) Die Erzählung ist interpretierbar als satirische Episode, die eine Gesellschaft kennzeichnet, in der bestimmte Lebensformen und Erfahrungsbereiche am Aussterben sind, und in der das soziale Leben durch eine Vorherrschaft von Bürokratie und staatlicher Kontrolle geprägt ist: Die Handlung der Erzählung lebt von der Voraussetzung, „daß es bereits zu jener Zeit in Bukatien keine Tiere mehr gab", hingegen einen vollentwickelten, doch schwerfälligen und hilflosen Verwaltungsapparat. Das gleichsam „unwirkliche" und daher sensationelle Tier gerät sofort in die Fänge der Bürokratie, die dieses außergewöhnliche Ereignis – zum Glück vergeblich – in den Griff zu bekommen versucht, mit dem einzigen Ziel, „den ordentlichen Gang der Dinge" wiederherzustellen.

In diesem Rahmen können einzelne „Szenen" des Handlungsgangs genauer untersucht werden, etwa mit folgenden Schwerpunkten:

2) Schwierigkeiten im Erfahren von fremden und ungewöhnlichen Dingen, Ereignissen und Lebensformen. Welche verschiedenen Reaktionen auf das ungewöhnliche Tier sind in der Erzählung dargestellt?

Die Unsicherheiten in der richtigen Identifizierung und Benennung des Tieres lassen sich im Unterricht auch direkt auf der Ebene der Sprache erörtern. An ihnen zeigen sich allgemeine Probleme der Referenz, d. h. der Zuordnung von Wort (Benennung) und Gegenstand.

3) Linguistische Aspekte der Erzählung liegen vor allem im Bereich der Semantik: der Wortbedeutung und ihrer Veränderung je nach Kultur bzw. Gesellschaft.

Einzelne Ansätze für das Unterrichtsgespräch

zu 1)

1.1. Titel: „Legende“

- Kennen die Schüler Legenden? Worin unterscheiden sich diese von der „Legende vom letzten Gaul“?

Gattungsdefinition „Legende“: ursprünglich eine religiöse, volkstümliche, belehrende Geschichte aus dem Leben eines Heiligen. Entscheidend ist die Erfüllung göttlicher Verheißung durch Wunder, die durch den Glauben vergewissert werden. Legenden haben Exempelcharakter.

Zur Legende als epischer Kleinform vgl. A. Jolles, Einfache Formen. 4. Aufl. Tübingen 1968; H. Rosenfeld, Legende (Slg. Metzler 9). 3. Aufl. Stuttgart 1972.

„Legende vom letzten Gaul“: „Legende“ hier eher im umgangssprachlichen Sinn als Märchen, Anekdote, Ereignis der Vergangenheit.

- Welche Momente der traditionellen Legende sind in der „Legende vom letzten Gaul“ noch wirksam?
  (z. B. Ungewöhnlichkeit des Ereignisses; unberechenbarer Einbruch des Fremden in den eigenen Erfahrungsbereich; wunderliches Verhalten des Gauls; Vergangenheitsform der Erzählung etc.)
- Einsicht in die verfremdende Funktion der Legendenform für die Erzählung (Spannung zwischen der Vergangenheitsillusion der „Legende“ und der in dieser Form verfremdend zum Ausdruck gebrachten Zukunftsvision)
- Entdecken von Ungleichzeitigkeiten in der Erzählung (z. B. Kontrast „Legende“ – neuer Staat; Vergangenheit – Zukunft; Kontrast zwischen der altertümelnden Sprache des Großvaters und der modernen Welt von „chromblitzenden Wagen“ und „Fernsehen“ sowie einer unpersönlichen bürokratischen Verwaltung und deren Sprachgestus)

1.2. Fremdwerden und Aussterben von Gegenständen und Lebensformen

Die Pointe lenkt die Aufmerksamkeit nicht nur auf das Problem der Identifizierung und Benennung von „Pferd“ oder „Kuh“. Anschließend an die Frage, ob es denn überhaupt bedenklich sei, wenn man Pferd und Kuh nicht mehr zu unterscheiden weiß, läßt sich die Beziehung Mensch–Natur erörtern. Auf diesen Zusammenhang kann man auch das Aussterben der Tiere in Bukatien und die Reaktion der Bukatier auf ein dennoch plötzlich auftretendes Tier beziehen.

- Momente des Überraschenden, Ungewöhnlichen und Fremden in der Erzählung herausfinden! Was ist für den Jungen und den Großvater fremd, was für die Bukatier und was für die Leser? (z. B. fremde Sprechweisen; unterschiedliche Rechtsvorstellungen: Eigentumsprinzip–Ordnungsprinzip; Kennzeichen und Verhaltensweisen des „Pferdes“, die von den gewohnten Merkmalen eines Pferdes abweichen, z. T. an menschliches Verhalten erinnern)
- Hat das „Pferd“ auch eine kritische Funktion in der Erzählung, oder ist es nur ein Anlaß zu Verwechslungen, zur Befriedigung der Neugier und für den Leser zur Erheiterung?
- Einsicht, daß Bukatien nicht nur ein fiktiver Staat ist, sondern einen Anlaß bietet, eigene Erfahrungen aus der Umwelt des Schülers heranzuziehen, die das Fremdwerden von Gegenständen, Vorgängen etc. betreffen.
  (z. B. Aussterben von Vögeln, Fischen und anderen Tierarten durch Umweltverschmutzung etc.; Verdrängung der Natur – „freie Wildbahn“ – durch Stadtleben und verwaltete Lebensformen; vgl. auch die abnehmende Vertrautheit mit Tradition, Bräuchen, z. B. mit Legenden, deren erfahrungsorientierende Funktion nicht mehr gültig ist. Fremdheit auch durch das Noch-nicht-Vertrautsein mit modernen und futuristischen Technologien etc.)

1.3. Verwaltung des sozialen Lebens. Darstellung der Bürokratie und der administrativen Hierarchie in der Erzählung

- Merkmale der Bürokratie
  (z. B. Hierarchie in den Amtsgraden: diensthabender Wachtmeister, Dienststellenleiter, Kommandant etc.; Weiterleitung von Entscheidungen an den jeweiligen Vorgesetzten; Versuch, das ungewöhnliche Ereignis in den Griff zu bekommen, und zwar nicht durch spontane Entscheidungsfähigkeit, sondern durch Berufung auf Verordnungen, Gesetze, Instruktionen; eingeschränkte Erlebnisfähigkeit der Bürokraten etc.)
- Besonderheiten des bürokratischen Sprachverhaltens
  (Amtssprache trotz Ungewöhnlichkeit der Situation; Formalismus der juristischen Sprache, z. B. „Erregung öffentlichen Ärgernisses", wenngleich die bukatische Öffentlichkeit gerade interessiert und neugierig und keineswegs verärgert reagiert. Gegensatz zur sonstigen „bukatischen Sprachbrisanz" in Form einer an den Berliner Dialekt erinnernden lockeren Sprechweise etc.)
- Sprache der Erzählung
  (Stellen, an denen die Sprache dem bürokratischen Sprachgestus angeglichen ist: z. B. „die am Tatort eintreffenden staatlichen Veterinärmediziner ersuchten uns um nähere Angaben" = keine typische Erzählsprache, sondern amtliche Schriftsprache. Ironisierungen.)
- Umgang der bürokratischen Verwaltung mit dem „Pferd".
  (Verunsicherung; Außerkraftsetzen der Rechtsverordnungen durch das „Pferd"; Unfähigkeit der Beamten, das „Pferd" als Tier und als ein in den Instruktionen nicht registriertes Lebewesen anzuerkennen. Die Beamten behandeln es wie einen Menschen: unterstellen ihm die „Negierung amtlicher Moralbegriffe", sind dabei, es festzunehmen.)

zu 2)

2.1. Verschiedene Arten der Bewältigung der ungewöhnlichen Situationen und der Reaktionen auf unvertraute Ereignisse

- Verdrängung und Ausgrenzung des Fremden
  Großvater, Junge: liebevoller Umgang mit dem „Pferd", trotz anfänglicher Verunsicherung und Wünsche, es loszuwerden
- Junge im Auto: Einstellung zum „Pferd" als einem exotischen Wesen, Degradierung zum Kaufobjekt, Zuordnung zu Zigeunern, d. h. Ausgrenzung aus dem „normalen" sozialen Lebenszusammenhang durch Vorurteile
- Briefträger: Angst, Flucht
- Lehrer: Einstellung zum „Pferd" als einem exotischen Wesen und Zirkustier
- Bürokraten: Ausgrenzungen durch Verordnungen, Festnahmeverhalten wie gegenüber Menschen, Kriminellen
- Innenminister: das „Pferd" wird einfach wegdefiniert durch typische Amtslogik
- Bukatier: Vereinnahmung des Fremden als Sensationsgegenstand, doch allmähliche Gewöhnung an das Ungewöhnliche und Suche nach anderen Sensationen. Warum wohl ist die Aufregung der Bukatier nicht so groß, gemessen an der Seltenheit des Ereignisses?
- Mann: selbstverständliche Vertrautheit mit dem Tier

2.2. Unterschiedliche Arten und Situationen der Identifizierung und Benennung des Tieres

- 2. Absatz: „genau vor uns hielt ein Pferd": scheinbar selbstverständliche Identifikation, in der unterstellt wird, daß der Referenzbezug zwischen dem Namen „Pferd", dem Begriff „Pferd" und dem entsprechenden Gegenstand der Außenwelt, dem Pferd bzw. der Gattung Pferd, ein vertrauter ist. Die Identifizierung und Benennung des Tieres geschieht hier jedoch nicht aufgrund von Wissen aus der Erfahrung, sondern aufgrund einer Erinnerung an Pferde als Gegenstände der Biologie bzw. Zoologie.

- „Natürlich erschrak ich, denn der Anblick war etwas ungewöhnlich“: Die Selbstverständlichkeit der Zuordnung wird problematisch. Aus der Ungewöhnlichkeit des Ereignisses erwächst eine Verunsicherung beim Identifizieren des Tieres, ein „Zweifeln“ (Großvater) und bloßes „Meinen“ (Junge).
- „da is son Tier, wose immer in' Fernsehn han!“: Die unmittelbare eigene Anschauung eines Pferdes fehlt, statt dessen Erinnerung an Fernsehbilder (= andere Wirklichkeitsinstanz).
- „die Kuh, für welche sie das Pferd hielten“: erst die bukatischen Kinder identifizieren das Pferd als Kuh, auf welcher Voraussetzung, bleibt ungewiß.
- „das ist Erregung öffentlichen Ärgernisses“: Die bürokratischen Polizeibeamten identifizieren das Tier überhaupt nicht als Pferd oder Kuh, sondern subsumieren es unter Amtsbegriffe und unter Maßstäbe, die allenfalls für Menschen gelten können: Festnahmeabsicht, Anzeige wegen des unbekleideten Auftretens dieses „Lebewesens“.
- „Sie müssen sie melken, das Euter ist voll!“: Erst außerhalb Bukatiens ist das Tier wieder richtig identifizierbar; das Tier entlarvt sich selbst als Kuh.

zu 3)

3.1. *Allgemeine linguistische Fragen der Wortbedeutung im Anschluß an die Identifizierungsprobleme*

- Diese Erzählung ist ein Beispiel für semantische Relativität, d. h. jede Kultur bzw. Gesellschaft hat eigene lexikalische Unterscheidungen, die bedeutungsvolle Merkmale von Gegenständen, Vorgängen etc. dieser Gesellschaft bezeichnen. „Pferd“/„Kuh“ ist in der bukatischen Erfahrungswirklichkeit nicht bedeutungsvoll, selbst aus dem bukatischen Sprachinventar verschwinden die Ausdrücke allmählich. „Pferd“ ist hier kein selbstverständlich identifizierbares Tier, auch nicht ein nur außergewöhnliches, im Aussterben begriffenes, sondern erinnert – vor allem als „Hauptfigur“ der „Legende“ – an ein Fabeltier (vgl. Kentaur, Einhorn). Es ist jedoch noch über wirkliche physisch existierende Eigenschaften beschreibbar.
- Ansätze zu einer allgemeinen Erörterung der Wortbedeutung. Es ist keineswegs selbstverständlich, daß ein Pferd von vornherein als solches benannt wird, da die Beziehung zwischen Name und Gegenstand keine natürliche Relation ist. Sie beruht auf Konvention (= Problem der Willkürlichkeit, Arbitrarität der Sprache bzw. des Zeichens).
  Wie stellt sich die Bedeutung her? Wodurch ist das Tier als „Pferd“ oder als „Kuh“ zu identifizieren?
  a) durch Wahrnehmung: Überprüfung durch genaues Hinsehen und Hinzeigen auf einen Gegenstand = ostensive Definition.
  b) durch die bedeutungskonstituierende Funktion der Wortverwendung, d. h. der konkreten Situation, in welcher der Name gebraucht wird (vgl. Wittgensteins „Sprachspiele“).
  Wenn die Gebrauchsregeln in verschiedenen Sprachen voneinander abweichen, dann entsteht eine Verschiedenheit der Bedeutung. So kann etwa in einer Kommunikation die Aussage „Dies ist ein Pferd“ bezweifelt werden, wenn die Sprecher die Benennung auf verschiedene Gegenstände beziehen.

- Problem des unterschiedlichen Verstehens von Wörtern; Mißverständnisse, vor allem bei Abstrakta.
- Mögliche weiterführende Anregungen zum konstruktiven Umgang mit der Erzählung.
  Überlegung, warum die Erzählung gerade als „Legende" bezeichnet wird, nicht jedoch in die Form einer Zukunftsvision gekleidet ist. Evtl. Aufgabe: ein modernes Märchen erfinden, das einen ähnlichen Inhalt als Zukunftsprojektion darstellt (andere Tempusstruktur, statt kleinstädtischen oder kleinstaatlichen Verhältnissen Großstadt- und Metropolismilieu, Computer statt bürokratische Umständlichkeit, technizistische statt liebevoll ironische Erzählsprache etc.).
  Ersetzen des „Pferdes" durch einen Menschen (z. B. Außenseiter, Ausländer, exotisches Wesen etc.). Wie sähe die Geschichte dann aus?
  Vergleich der Erzählung mit Ch. Morgensterns Gedicht „Der Gaul"; Unterschied der Erzählung zu Fabeln; Heranziehen anderer moderner „Legenden", z. B. von Brecht.

Doris Bachmann

Gabriele Wohmann Kompakt

I. Vorschlag zum Textverständnis

Diese kurze Erzählung von Gabriele Wohmann ist ‚kompakt', und zwar vom Inhaltlichen wie vom Sprachlichen her. Deshalb bedarf es eines etwas weiteren Ausholens, um die Aussage deutlich werden zu lassen, die in der Schilderung der scheinbar so alltäglichen Situation liegt.
Auffallend an der Struktur der Erzählung ist die deutliche Gliederung in zwei Teile:
1. die sich langweilenden Frauen am Strand;
2. die ‚spielenden' Kinder am Strand.
Überraschend an der auf den ersten Blick so banalen Situation ist am Schluß der Erzählung das Satzfragment, das durch die Anhäufung der Adjektive aus dem sonst so ‚kompakten' Stil herausfällt: „Liebes weiches zusammengekauertes Evchen tief unten im Sandberg."
Diese erschreckende Aussage geht über die zunächst so harmlos anmutende Thematik der Erzählung ‚Mütter und Kinder an einem langweiligen Urlaubstag' hinaus und zeigt, daß die Geschichte vom 2. Teil, den ‚spielenden' Kindern, her entschlüsselt werden kann.
Die Kindergruppe setzt sich aus vier Kindern zusammen, aus zwei Mädchen und zwei Jungen. Die Handlungsweisen der Kinder sind offensichtlich ‚geschlechtsspezifisch'. Während die Jungen ‚arbeiten' und sich anstrengen, um ihre Sandburg fertigzustellen, spielen die Mädchen eine passive Rolle: Evchen läßt sich vergraben, Babette sieht zu. Untersucht man Evchens Rolle in diesem ‚Spiel' genauer, so wird deutlich, worum es der Autorin geht. Evchen, d. h. die kleine Eva (der Name scheint hier mit Bedacht gewählt), läßt sich als Fundament für einen Sandberg benutzen, der dank ihres Opfers hält und kompakt (fest) wird.
Babette, das 2. Mädchen, betrauert zwar – statt Eva zu helfen und sie vor dem Tod zu bewahren – Evas Schicksal, unternimmt aber nichts, um es zu verhindern.
Schon im Kindesalter wird also das folgende Rollenverhalten eingeübt:
Jungen – als Repräsentanten des männlichen Geschlechts – sind stark und aktiv

(selbst wenn ihnen nicht danach zumute ist: „Er merkte auf einmal, daß das hier nicht gut für ihn war“); sie geben die Anweisungen und bauen die Welt. Haben sie einmal Skrupel gegenüber den ‚Opfern‘ („Er hatte auf einmal Angst, wovor?“), die sie aufgrund ihrer körperlichen Überlegenheit vom anderen Geschlecht fordern können, werden diese beim Betrachten des ‚gelungenen‘ Werks verdrängt: „Fredchen fühlte sich wieder wohler und stellte sich eifrig neben den tüchtigen Mickey.“

Deutlich stellt die Autorin dar, daß der männliche Triumph nur möglich ist aufgrund (hier im wörtlichen Sinne verwendet: auf dem Grund) weiblicher Schwäche und/oder sinnloser Opferbereitschaft und/oder mangelnder Solidarität mit den Geschlechtsgenossinnen. Offensichtlich hat sich die kleine Eva nicht gewehrt, als Fundament, als Grundlage zu dienen, denn die Mütter haben keinen Protest gehört, und Babette hat nichts unternommen, dieses mörderliche ‚Spiel‘ rechtzeitig zu beenden.

Weitere Aspekte des rollenkonformen weiblichen Verhaltens (und damit des weiblichen Versagens) verdeutlicht die Autorin im ersten Teil der Erzählung: In den wenigen Sätzen, die die drei Mütter miteinander reden, demonstriert Gabriele Wohmann deren Langeweile, ihre verborgen gehaltenen Aggressionen gegeneinander und das Gefühl, Rivalin der andern zu sein: „Meline . . . nützte die Gelegenheit, unbehelligt Lores Krampfader zu beäugen, befriedigt gewann sie den häßlichen Eindruck.“ Die Frauen scheinen von ihren Männern aus einer anderen Welt, an der sie nicht teilhaben, am Strand abgeliefert worden zu sein („Seit Alfreds Abschiedskuß am Hafen“), um schweigend, gelangweilt und gleichgültig (s. das ‚Gespräch‘ am Anfang der Erzählung!) das Rollenverhalten fortzusetzen, dessen Überwindung sie doch eigentlich anstreben müßten, weil sie unter ihm offensichtlich leiden (dies zeigt ihr reduziertes Verhalten im ganzen ersten Erzählteil). Selbst das Interesse an den eigenen Kindern ist so gering, daß sie zunächst nichts unternehmen, als sie Evas Fehlen bemerken, sondern das ‚Blablabla‘ fortsetzen, das ihre Langeweile wenigstens phonetisch überdeckt.

So ist es möglich, daß auch ihre Töchter Fundament für den Erfolg ihrer Söhne werden und daß eine kompakte – feste – ‚Ordnung‘ zwischen den Geschlechtern im oben aufgezeigten Sinne bestehen bleibt.

Versteht man den Schlußsatz „Wie lang war’s noch bis zur Flut?“ als Gedanken Babettes, dann zeigt auch er die ‚weibliche Passivität‘: Die Rettung aus der als negativ erlebten Situation wird nicht durch eigenes Handeln herbeigeführt, sondern von ‚außen‘, von der Naturgewalt, erwartet, auf die man selbst keinen Einfluß nehmen kann: statt Eva mit Hilfe der Mütter freizuschaufeln, setzt Babette ihre Hoffnung auf die Flut.

II. Zur Behandlung der Erzählung im Unterricht

1. Didaktische Vorschläge

Den Schülern sollte folgendes deutlich werden:

1. Die dargestellte Situation ist aufgrund ihrer Zweiteilung und der Personengruppierung nicht so banal, wie sie zunächst erscheint. Es handelt sich also nicht etwa um eine Aufforderung an Mütter, besser auf ihre spielenden Kinder aufzupassen.
2. Auch der Schülern naheliegende Gedanke, hier sei ganz allgemein die Unterdrükkung von Schwächeren thematisiert worden, sollte aufgrund der Personenwahl der Autorin im obigen Sinne differenziert werden.
3. Die Entschlüsselung des Kerngedankens zeigt, daß das stillschweigende Akzeptieren traditionell festgelegten Rollenverhaltens zur Katastrophe führen kann und daß in der dargestellten Situation erst das mutige Ausbrechen aus dem Rollenklischee Schlimmeres verhütet hätte.

4. Die Verschlüsselung eines Gedankens in eine Situation ist ein wesentliches Kennzeichen von Literatur, speziell eines der Kurzgeschichte. Diese Verschlüsselung ermöglicht dem Autor eine ganz individuelle Nuancierung eines Gedankens in einer möglichst persönlichen sprachlichen Form.

2. *Methodische Vorschläge*
1. Nach der Lektüre des Textes werden spontane Äußerungen der Schüler zur Deutung des Inhalts an der Tafel gesammelt.
2. Der Text wird gegliedert.
3. Zwei Schülergruppen untersuchen und werten das Verhalten der beiden Personengruppen in der Geschichte.
4. Aus der Diskussion der Gruppenarbeit sollten die spezifischen Verhaltensweisen der Personen und ihre Funktion für die Aussage des Textes im Sinn der didaktischen Vorschläge Nr. 1., 2. und 3. festgehalten werden.
5. Der Titel der Erzählung „Kompakt“ sollte erörtert werden sowohl in bezug auf den Inhalt als auch auf die Sprache.
6. Als Ergebnis der Sprachanalyse des Textes könnte der 4. didaktische Vorschlag formuliert werden.
7. Im Anschluß daran könnten die Schüleräußerungen an der Tafel (s. methodischer Vorschlag Nr. 1.) noch einmal überprüft und diskutiert werden.
8. Losgelöst von der Kurzgeschichte, wäre es zur Reflexion des eigenen Verhaltens sinnvoll, die Schüler überlegen zu lassen, ob und gegebenenfalls warum auch sie solche problematischen geschlechtsspezifischen Verhaltensweisen praktizieren und wie sie den fragwürdig gewordenen Rollenklischees ausweichen können.

Elke Detjen-Vogeley

Wolf Wondratschek Mittagspause

I. Didaktische Überlegungen

Der Text von Wolf Wondratschek zwingt den Leser, zwischen den Zeilen zu lesen: Er gibt eine scheinbar belanglose Alltagssituation ohne besondere Handlungen wieder, charakterisiert und problematisiert aber durch die – vorwiegend nur implizit gegebene – Kommentierung eine typisch moderne Existenzweise. Deshalb kann ein genaues Befragen einzelner Textstellen zu Problemen wie der Identitätsfindung bzw. Entfremdung in einem von Bürotätigkeit geprägten Leben, zu Fragen nach dem Verhältnis von Tagtraum und Wirklichkeit, Freizeit und Arbeit, zu Aspekten des Generationenkonflikts und zu Diskussionen über das Verhalten gegenüber dem anderen Geschlecht führen.

II. Unterrichtsmethodische Anregungen

1. Den Einstieg in die Textbehandlung könnte die Interpretation des letzten Abschnitts bilden: Warum ist „Katastrophe“ das Lieblingswort der Hauptfigur? In welchem Verhältnis steht diese Aussage zum übrigen Text, in dem doch gerade keine Katastrophen vorkommen? Die Katastrophen sind Gegenbild zur offensichtlich als langweilig empfundenen Alltagswirklichkeit. So spielt die Hauptfigur mit

dem Gedanken an Katastrophen, ohne ernsthaft sich einer wirklichen Gefahr auszusetzen. (Vielleicht kennen die Schüler eine ähnliche Befindlichkeit aus eigener Erfahrung und können darüber berichten.) Die Katastrophe bleibt ein bloßes Wort bzw. eine unwahrscheinliche Möglichkeit, die im Text durch Formulierungen im Konjunktiv II näher beschrieben wird (vgl. zweitletzter Absatz; die Hauptfigur tut im Widerspruch zu den genannten Wunschvorstellungen offensichtlich alles, um sich gerade nicht zu „verspäten“ und sich nicht ernsthaft zu „verlieben“). Zu fragen ist freilich auch, was denn das überhaupt für „Katastrophen“ sind, von denen im Text die Rede ist: „sich sehr verspäten“, „sich sehr verlieben“. Wer so etwas als Katastrophe ansieht, ist auf äußere Ordnung als Ersatz für mangelnde Selbstsicherheit angewiesen und hat Angst vor der Verpflichtung durch eine Bindung.
Da im letzten Absatz die „Schreibmaschine“ und damit die berufliche Tätigkeit der Hauptfigur genannt ist, kann auch das Verhältnis von Büroarbeit und Evasionsgedanken andiskutiert werden.

2. Eine Reihe weiterer Textstellen bietet sich zur vertiefenden Interpretation an; vielleicht nennen die Schüler sogar selbst die Stellen, die ihnen erklärungsbedürftig erscheinen. Man wird sich bei der Interpretation allerdings z. T. mit Vermutungen begnügen müssen – aber es kommt ja nicht darauf an, in jedem Falle eine beweisbare Deutung zu finden; auch die Erörterung möglicher Zusammenhänge und Hintergründe ist für die Schüler fruchtbar, da dadurch ihre soziale Sensibilität gefördert wird. Interessante Aspekte dürfte z. B. ein Gespräch über folgende Textstellen zutage fördern:
   - „Sie hat Freunde. Trotzdem sagt sie nicht, das ist mein bester Freund, wenn sie zu Hause einen Freund vorstellt.“ (Diskrepanz zwischen Erwartungen der Eltern und Verhalten der Tochter; deren Angst vor fester Bindung; ihr Spiel mit menschlichen Beziehungen.)
   - „Die Mittagspause ist ein Spielzeug.“ (Gefallen an der Unverbindlichkeit; Flucht in die Welt vorgestellter Möglichkeiten – vgl. die im Text folgenden konjunktivischen Aussagen.)
   - „Gestern war sie froh, daß in der Mittagspause alles sehr schnell geht.“ (Weil sie angesprochen wurde und sich nicht ernsthaft auf eine Beziehung einlassen will; weil das Spiel sonst hätte Ernst werden können, was ihr Angst machen würde; vielleicht ist sie doch noch zu abhängig von den Eltern.)
   - „Sie beantwortet eine Frage mit einer Frage.“ (Weicht damit Entscheidungen aus, vgl. „Sie hat mittlerweile gelernt, sich nicht zu entscheiden.“; legt sich auf nichts fest.)
3. Aufschlußreich sind Überlegungen zum Sprachstil der Erzählung: Auffallend ist die Kürze der Sätze mit ihrem z. T. gleichen stereotypen Satzbau, was gängigen Stilvorstellungen von guter literarischer Sprache widerspricht; vgl. etwa „Vater sagt, er meine es nur gut. Mutter sagt sogar, sie habe eigentlich Angst.“; kennzeichnend sind die vielen Anaphern: „Gestern wurde sie angesprochen. Gestern war der Stuhl frei. Gestern war sie froh . . .“ Mit den Schülern ist die Funktion dieser bewußten Kargheit zu erörtern; man wird dabei wieder auf die inhaltlichen Aspekte zu sprechen kommen (Sprache als Ausdruck der stereotypen Alltäglichkeit, sprachliche Reduktion als Aussparung von Wesentlichem, das sich der Leser interpretierend dazudenken muß). Literaturgeschichtlich läßt sich diese Stilhaltung über Peter Bichsel von Wolfgang Borchert herleiten.
4. Anschließend an die inhaltlichen Detailinterpretationen und die Stilüberlegungen kann eine Gesamtcharakterisierung der Hauptfigur versucht werden, z. B. ausgehend von der Frage: Warum verhält sich die Hauptfigur in der dargestellten Weise? Herauszuarbeiten wäre, wie sie sich jeder Festlegung entzieht und daß sie

weder Ichgewißheit besitzt noch ihre Identität nach außen darstellen kann. Die Mittagspause ist für sie offenbar Ersatz für fehlende Identifikation mit der Arbeit (die Hauptfigur ist offensichtlich Sekretärin, vgl. die Mittagspause ist „anstrengender als Briefeschreiben“). Ausgehend von solchen Überlegungen kann man das Problem der Entfremdung in den Schreibtischberufen diskutieren (vielleicht im Vergleich zur Fabrikarbeit, wie sie im Text „Arbeit“ von Aletta Eßer angesprochen wird, siehe Erzählungen der Gegenwart VIII, S. 24 ff.).

5. Veranschaulichen lassen sich die im Text angesprochenen Problemaspekte, wenn die Schüler, bezogen auf ausgedachte Arrangements, Gespräche über die (oder mit der) erzählte(n) Figur entwickeln. So könnte z. B. eine Unterhaltung der Eltern über oder mit der Tochter gespielt oder geschrieben werden. Ebenso interessant wäre ein erfundenes Gespräch von Arbeitskollegen über die Hauptfigur.
6. Das erzählerische Modell, das dem Text zugrunde liegt, nämlich Verhalten und Gedanken einer Person in einer typischen Alltagssituation protokollarisch festzuhalten, läßt sich auf mögliche Schreibaktivitäten der Schüler übertragen. Diese können versuchen, sich selbst oder einen Bekannten in einer typischen Situation zu beschreiben (im ersten Falle wird sinnvollerweise die Ich-Form gewählt). Es würde sich dabei um Texte handeln mit Titeln wie „In der Schulpause“, „In der Diskothek“, „In der Straßenbahn“, „Während einer Mathe-Arbeit“ o. ä.

Kaspar H. Spinner

Hellmut Holthaus Mach mal Freude!

Der Satiriker greift Zustände und Verhaltensweisen an, die das Zusammenleben der Menschen beeinträchtigen. Er tut das nicht direkt und sachlich, sondern indem er übertreibt, verzerrt oder die Dinge auf den Kopf stellt. Mit seiner Methode will er die Leser zu Werten führen, die sie in ihrem Leben als solche erkennen und verwirklichen sollen. Außerdem will er ihnen ihre Fehler und Schwächen abgewöhnen.
Der Ich-Erzähler geht von den schlagwortartigen Aufforderungen „Mach mal Freude!“ und „Seid nett zueinander!“ aus. Der Inhalt solchen Verhaltens soll aber nicht die Wahrheit sein, die nur Abwehr und Minderwertigkeitsgefühle hervorruft, sondern das Gegenteil. Das hebt das Selbstbewußtsein des Gesprächspartners. Die Gefahr solcher Satire liegt darin, daß der Leser sich mit der Kälte des Satirikers identifiziert und sich den dargestellten Menschen überlegen glaubt. Er erkennt sich selbst nicht in diesem Spiegel.
Der Text ist eine Skizze oder Glosse, wie man sie in den Tageszeitungen findet, keine Geschichte mit einer Handlung und lebendigen Charakteren.

Didaktische Überlegungen

Kinder bis ins jugendliche Alter hinein verstehen Ironie nur schwer. Oft werden sie durch ironische Rede verletzt. Sie verfallen aber leicht dem Witz und Übertreibungen, die sie für bare Münze nehmen. Die Behandlung eines ironisch-satirischen Textes erfordert pädagogischen Takt. Es ist notwendig, die im Text nicht genannten, aber dahinterstehenden Werte der Wahrhaftigkeit, Ehrlichkeit und Unbefangenheit im Verkehr der Menschen miteinander zu entdecken und mit dem dargestellten Verhalten zu vergleichen, um zu wissen, was wirklich mitmenschliches Verhalten ist und womit man wirklich Freude bereitet. Freunde, Nächster, Mitmensch, Wohlbefinden,

Stimmung, Mitgefühl und andere Wörter werden in dem Text arg mitgenommen. Ihr eigentlicher Wert bleibt aber bestehen. Das muß in dem kritisch geführten Unterrichtsgespräch klar herausgestellt werden. Der Spaß am Wortwitz und an den Einfällen braucht dabei nicht verlorenzugehen.

Methodische Vorschläge

Folgende Aufgaben können in den Text hineinführen und ihn auch in Einzelaspekten erschließen.

1. Ist dieser Text eine Geschichte?
2. Erläutere die Ironie der Darstellung!
3. Will der Verfasser sich und seinen Lesern nur einen Spaß machen, oder verfolgt er auch ernsthafte Ziele?
4. Äußere dich zu folgenden Wörtern, indem du ihre gewöhnliche Bedeutung mit der im Text gebrauchten vergleichst!
   Lusthäuschen, abwracken; Schwamm, Termiten, Holzbock

Material zu Punkt 4
Lusthäuschen: Das Wort Lusthaus ist veraltet. Bis zum Anfang des 19. Jahrhunderts verstand man darunter ein Haus, das wohlhabende Leute sich am Stadtrand oder auf dem Lande bauten, um die Freuden des Lebens in der freien Natur zu genießen. Der Verfasser versucht, mit der Verkleinerungsform die alte Bedeutung zu wecken und sagt Lusthäuschen statt Ferienhaus, um die ironische Wirkung zu erhöhen.
Abwracken: Wrack meinte zunächst ein unbrauchbar gewordenes Schiff, später auch andere Dinge, vor allem Autos. Abwracken bedeutet im allgemeinen Sprachgebrauch nur das Verschrotten eines Wracks, d. h. die Metallteile herauslösen und zu Schrott verarbeiten. Frage: Darf ein Schriftsteller ein Wort in seiner Bedeutung gegenüber dem Sprachgebrauch erweitern? Gibt ihm ein lässiger Gebrauch in der Umgangssprache ein Recht dazu?
Schwamm, Termiten, Holzbock: Diese drei werden als Schädlinge im Holz des Hauses genannt.
Den Schwamm gibt es überall, Termiten nicht in Deutschland, wo der Text angesiedelt ist. Holzbock ist die volkstümliche Bezeichnung für eine Zecke, ein blutsaugendes Insekt, also kein Holzschädling.
Frage: Weiß der Verfasser nicht, was Termiten und Holzböcke sind, oder übertreibt er, um die ironisch-satirische Wirkung zu erhöhen?

Heinrich Vogeley

Christoph Meckel Die Krähe

Die Erzählung „Die Krähe“ von Christoph Meckel ist so lang, daß sie sinnvollerweise nicht in einer Unterrichtsstunde vorgelesen werden sollte. Eine häusliche Vorbereitung ist nötig, die in der Lektüre und in einer knappen, sich auf wesentliche Passagen beschränkenden Inhaltswiedergabe bestehen kann, so daß bei der Bearbeitung eine gute Textkenntnis vorauszusetzen ist.
Die Erzählung wird die meisten Jugendlichen spontan ansprechen; allerdings gelingt nur ganz wenigen ein sich vertiefender Zugang ohne Hilfe, ist doch die dichterische Wirklichkeit bei C. Meckel in ihrer fortwährenden Spannung zwischen märchenhaften

und realistischen Geschehnissen, zwischen logisch Erklärbarem und scheinbar unlogischer Fortführung schwer vom Verstande her zu durchdringen.
Hier nun versuchen zu wollen, alle Phantasiegewebe rational zu erläutern, hieße die Wirkung dieser Literatur zu zerstören, einiges muß unaufgelöst im Bereich der Phantasie bleiben. Eine interpretierende Behandlung soll nur die Gedankenführung straff vertiefen, die zum Verständnis der zentralen Aussage wichtig ist, auf formale oder sprachliche Untersuchungen wird bewußt verzichtet.
Als erstes sollte die Entwicklung des wandelbaren Wesens an der Tafel skizziert werden, wobei sowohl die äußere Verwandlung vom Tiger bis zum häßlichen Zerrbild einer Katze im einzelnen belegt wird, wie auch die innere Entwicklung von der bedrohten Freiheit des Tieres über seine Ratlosigkeit, Verwirrung und Unruhe bis zur zitternden Angst.
Parallel dazu wird die Veränderung der Umgebung skizziert, die von dichten, endlosen Wäldern über Ebenen mit spärlichem Gras und Dorflandschaften bis in die Stadt reicht.
In der Kopplung dieser Beobachtungen werden die Schüler bereits Interpretationsansätze finden. Sie werden feststellen, daß hier ein freies, ungebundenes Fabelwesen immer tiefer in eine Gefahr gerät, je weiter es aus der Natur herausgeführt wird. Es verliert schließlich dort sein Leben, wo die Zivilisation am dichtesten ist.
Um diese Ansätze in einer Deutung vertiefen zu können, werden alle Handelnden in drei Gruppierungen eingeteilt und jeweils im einzelnen betrachtet.

1. Zunächst werden die Personen analysiert, die das Tier bedrohen. So steht der Jäger unter einem von ihm nicht definierbaren rastlosen Zwang zur Jagd und Einordnung, er will besitzen, ohne daß er diesen Drang durchschauen kann. Die Dorfbewohner verlachen das Tier, weil es für sie fremd ist. Die Städter schließlich steinigen es gefühllos.
2. Das Wesen selbst will in völliger Freiheit und Ungebundenheit leben. Die Unabhängigkeit geht so weit, daß es verschiedene Erscheinungsformen wählen kann, die am Anfang zusätzlich durch unterschiedliche Benennungsmöglichkeiten variiert werden („. . .riefen . . . all die Namen . . .“ S. 50, Z. 19). Diese Freiheit schwindet im Verlaufe der Handlung. Parallel dazu verliert das aggressionslose Tier immer mehr an äußerer und innerer Substanz, je dichter es mit Menschen und ihren Zwängen in Berührung kommt. Es endet innerlich und äußerlich zerstört.
3. Der Ich-Erzähler nimmt eine Zwischenstellung ein. Die Unsicherheit eines Suchenden wird besonders am Anfang deutlich. Er wird durch die Situationen mitgerissen und kann das Geschehen nicht objektivieren. Er läßt sich von beiden Seiten beeinflussen und bleibt in der Rolle des betroffenen Beobachters. Er durchschaut die Situation des Tieres immer besser, kann ihm aber nicht helfen und verschwindet schließlich resignierend in der Anonymität der Stadt.

Wenn die oben gewonnenen Erkenntnisse in eine abstrakte Begrifflichkeit umgesetzt werden, so kristallisiert sich heraus, daß eine irrationale, traumhafte Sehnsucht nach Freiheit in der Konfrontation mit unterschiedlichen Zwängen zerbricht. Der immer mehr reduzierte Freiraum eines Subjektes stirbt, bildlich gesehen, im Steinhagel der anonymen Städter.
Für den resignierenden Ich-Erzähler endet am Schluß ein wehmütig trauriger Traum.

Michael de Witt

Literaturverzeichnis zur Kurzgeschichte

Bender, Hans
Ortsbestimmung der Kurzgeschichte, Akzente 1962/63, Zeitschrift für Dichtung. Carl Hanser Verlag, München.

Der Deutschunterricht, 1957/1, 1958/6, Die Kurzgeschichte im Unterricht I, II. Ernst Klett Verlag, Stuttgart.

Doderer, Klaus
Die Kurzgeschichte in Deutschland, ihre Form und ihre Entwicklung. Diss. Marburg. Metopen-Verlag, Wiesbaden 1953.

Doderer, Klaus
Die Kurzgeschichte als literarische Form, Wirkendes Wort, 8. Jg., 1957/58. Päd. Verlag Schwann, Düsseldorf.

Doderer, Klaus
Literaturdidaktische Bemerkungen zur Kurzgeschichte, in: Moderne Dichtung im Unterricht. Hrsg. v. H. Helmers. Georg Westermann Verlag, Braunschweig ²1972.

Ebing, H. A.
Die deutsche Kurzgeschichte, Wurzel und Wesen einer neuen literarischen Kurzform. Diss. Münster 1936.

Elster, Hanns Martin
Die Kurzgeschichte oder „Skizze", Die Horen, Monatsschrift für Dichtung, Philosophie und Kunst. Berlin-Grunewald 1930, 6. Jg.

Essen, Erika
Nachwort, in: Moderne deutsche Kurzgeschichten, Reihe: Sein und Sagen, Heft 1, Hirschgraben-Verlag, Frankfurt am Main ⁷1970.

Friedrichs, Reiner
Unterrichtsmodelle moderner Kurzgeschichten. Harms pädagogische Reihe, Bd. 63. Paul List Verlag, München 1972.

Hajek, Siegfried
Die moderne Kurzgeschichte im Unterricht, Franz Kafka, Der Nachbar. Der Deutschunterricht, 1955, 7. Jg. Ernst Klett Verlag, Stuttgart.

Helmich, Wilhelm
Die erzählende Volks- und Kunstdichtung in der Schule, in: Handbuch des Deutschunterrichts im 1. bis 10. Schj. Hrsg. v. A. Beinlich, Liefrg. 9/10/11. Lechte-Verlag, Emsdetten/Westf. o. J.

Helmich, Wilhelm
Deutsche Erzähler der Gegenwart in der Volksschule. Georg Westermann Verlag, Braunschweig 1957.

Helmich, Wilhelm
Wege zur Prosadichtung des 20. Jahrhunderts. Georg Westermann Verlag, Braunschweig 1960.

Höllerer, Walter
Die kurze Form der Prosa, Akzente 1962/63, Zeitschrift für Dichtung. Carl Hanser Verlag, München.

Interpretation moderner Kurzgeschichten, Hrsg. v. der Fachgruppe Deutsch–Geschichte im Bayer. Philologenverband. Moritz Diesterweg Verlag, Frankfurt am Main ⁹1970.

Kilchenmann, Ruth J.
Die Kurzgeschichte – Formen und Entwicklung. Sprache und Literatur, Bd. 37. W. Kohlhammer Verlag, Stuttgart ³1971.

Klein, Johannes
Reallexikon der dt. Lit.-Gesch., Hrsg. v. W. Kohlschmidt u. W. Mohr, Kurzgeschichte (Stichwort), Bd. 1. Walter de Gruyter u. Co., Berlin ²1958.

Lexikon der Weltliteratur im 20. Jh., Kurzgeschichte (Stichwort), Bd. II, Sp. 93–97, Herder Verlag, Freiburg/Basel/Wien 1961.

Moritz, Karl (Hrsg.)
Novelle und Kurzgeschichte. Texte zu ihrer Entwicklung und Theorie. Reihe: Sein und Sagen, Heft 15. Hirschgraben-Verlag, Frankfurt am Main ³1972.

Nentwig, Paul
Dichtung im Unterricht – Grundlegung und Methode. Georg Westermann Verlag, Braunschweig 1960.

Pongs, Hermann
Das kleine Lexikon der Weltliteratur, Kurzgeschichte (Stichwort). Union-Verlag, Stuttgart ⁶1967.

Rohner, Ludwig
Theorie der Kurzgeschichte. Athenäum-Verlag, Frankfurt am Main 1973.

Schnurre, Wolfdietrich
Kritik und Waffe. Zur Problematik der Kurzgeschichte. Deutsche Rundschau 1961/1. Verlag Deutsche Rundschau, Baden-Baden.

Wilpert, Gero v.
Sachwörterbuch der Literatur, Kurzgeschichte (Stichwort). Alfred Kröner Verlag, Stuttgart ⁵1969.

Zimmermann, Werner
Deutsche Prosadichtungen der Gegenwart, Interpretationen für Lehrende u. Lernende, Teil I, Düsseldorf ³1960, Teil II, Düsseldorf ⁶1960, Teil III, Düsseldorf 1960, Päd. Verlag Schwann, Düsseldorf.

Zimmermann, Werner
Deutsche Prosadichtungen als Gestaltganzes, dargestellt an einer Kurzgeschichte von. W. Borchert. Wirkendes Wort, 1954/55, 5. Jg. Päd. Verlag Schwann, Düsseldorf.

Alphabetisches Verzeichnis der Schriftsteller

Die in Klammern stehenden Zahlen geben die Heftnummer der „Erzählungen der Gegenwart VII–VIII" und die entsprechende Seitenzahl an.
Weitere Texte der Schriftsteller, die in Einzelausgaben oder in Sammelbändchen der Hirschgraben-Lesereihe vorliegen, sind jeweils in kleiner Drucktype angefügt.